RECEPCIONISTA DE EVENTOS:
o saber, o ser, o fazer

Presidente do Conselho Regional
Luiz Gastão Bittencourt da Silva

Diretora do Departamento Regional
Ana Cláudia Martins Maia Alencar

Diretor de Educação Profissional
Rodrigo Leite Rebouças

Diretor Administrativo-Financeiro
Sylvio Britto dos Santos

Conselho Editorial
Ana Cláudia Martins Maia Alencar
Carina Bárbara Ribas de Oliveira
Denise de Castro
Rodrigo Leite Rebouças
Sylvio Britto dos Santos

Editora
Denise de Castro

Projeto gráfico e Diagramação
Valdemice Costa e Valderio da Costa

Ilustrações
Valdemice Costa e Pedro Tharles

Revisão técnica
Cintia Araujo Oliveira

Revisão
Raquel Chaves
Ethel de Paula Gouveia

Dados Internacionais de Catalogação na Publicação (CIP)

Montenegro, Inês.
    Recepcionista de eventos: o saber, o ser, o fazer. / Inês Montenegro; ilustrações e diagramação Valdemice Costa. Fortaleza: Senac Ceará, 2016.
    208 p. il. color.

    Inclui bibliografia.
    ISBN: 978-85-99723-32-6

    1. Recepcionista de eventos. 2. Mercado de trabalho. 3. Perfil profissional. I. Costa, Valdo. II. Título.

CDD 651.3743

© Senac Ceará, 2016

Editora Senac Ceará
Av. Tristão Gonçalves, 1245 – Centro
Fortaleza – CE – CEP 60015 000
editora@ce.senac.br
www.ce.senac.br

Todos os direitos reservados. Nenhuma parte deste livro pode ser reproduzida ou transmitida de forma alguma ou por meio algum, eletrônico ou mecânico, incluindo fotocópias, gravações ou por qualquer sistema de armazenagem e consulta de informações, sem a permissão, por escrito, do Editor.

Inês Montenegro

RECEPCIONISTA DE EVENTOS:
o saber, o ser, o fazer

Senac Ceará
2016

Aos meus pais, Pedro Paulo e Germana,
que sempre me incentivaram no meu crescimento
profissional, não medindo esforços para minha
educação, sendo presentes em todos os momentos
da minha feliz caminhada.

AGRADECIMENTOS

À família
Minhas filhas, Aline e Tais, meu companheiro
e amigo, Esaú, pelo carinho, cuidado e
incentivo diário em minhas horas de pesquisa
e tarefas, na execução deste trabalho.

Aos fiéis incentivadores deste trabalho
Minha prima, Rachel Gadelha, por acreditar
e me receber em sua empresa para um
recomeço de uma nova construção de vida.

Ao meu amigo de Senac, Isaac Coimbra, por me
incentivar e acreditar na produção desta pesquisa.

Direção, consultoria, colegas,
professores e colaboradores do Senac Ceará,
pelo apoio e incentivo.

Sumário

O Saber 15
Conceito de "eventos" 15
Origem e evolução 18
Importância e contribuição dos eventos na atividade econômica 27
Calendários de eventos 29
Classificação e tipologia dos eventos 31
O profissional recepcionista de eventos e a necessidade da qualificação 53
Conhecimentos necessários 57
Fases dos eventos e a contratação do profissional 58

O Ser 63
O profissional recepcionista de eventos 63
Etiqueta 67
Etiqueta do dia a dia 68
Apresentações e cumprimentos 78
Etiqueta na conversação 81
Etiqueta à mesa 85
Serviços de alimentos e bebidas 93
As bebidas, com seus respectivos serviços e taças/copos 98
Aparência e postura pessoal 117

O Fazer 143
Serviços e atendimento de qualidade 145
Atendimento 148
Locais de atuação do profissional e suas respectivas atribuições 159

Mensagem da autora 199
Anexo - Modelo de Contrato 201
Referências bibliográficas 203

Apresentação

Não há dúvidas que, atualmente, o segmento do turismo de eventos constitui um importante componente para o incremento da atividade turística e da economia internacional. O crescimento deste setor vem ocorrendo por vários motivos, tais como: potencialidades culturais, sociais e naturais; oferta de espaços para eventos; oferta hoteleira; construção e melhoria de terminais de transporte; mão de obra qualificada, entre outros. Trabalhar com eventos é trabalhar com grandes expectativas por parte das pessoas. Percebemos que este setor se renova a cada dia, sendo a tecnologia, a criatividade e a personalização destaques nos eventos realizados, e, por isso, não bastam somente investimentos em infraestrutura. É necessária, principalmente, mão-de-obra qualificada.

A necessidade do profissionalismo aumenta, tanto por parte das empresas organizadoras de eventos como dos profissionais de eventos aptos para executar suas tarefas, onde devem desenvolver de maneira eficiente suas habilidades e competências. Bailes, formaturas, casamentos, aniversários, feiras e exposições são apenas alguns exemplos que mostram como o segmento de festas e eventos movimenta uma grandiosa estrutura. São profissionais de diversas áreas que se unem para levar alegria e satisfação para seus clientes.

O profissional recepcionista de eventos não é exceção. Deve ser visto como profissional atuante dentro do evento, desenvolvendo competências que ficam muito além do ficar em pé e sorrir para as pessoas. No contexto atual, é necessário promover a qualificação e o aperfeiçomento do profissional na arte de recepcionar, visando o emprego de todas as competências exigidas para que ele se torne essencial para o mercado.

O propósito deste livro é oferecer subsídios, indicar caminhos e ampliar os conhecimentos do profissional, ajudando aqueles que têm interesse de trabalhar ou que já atuam na área de eventos sob uma perpesctiva prática, menos fundamentada em teorias, proporcionando, assim, um instrumento de trabalho.

Trata-se de um livro de conteúdo relevante, que associa a formação do profissional a três fatores: "O Saber", "O Ser" e "O Fazer". Formatado em três capítulos, classificamos o primeiro capítulo de "O Saber", onde o leitor poderá compreender a evolução e a importância do mercado de eventos, identificar as classificações e tipologias de eventos, conhecer características do perfil do profissional apontadas pelo mercado e entender as etapas de planejamento e organização de eventos, incorporando tais conhecimentos ao processo de contratação do profissional no mercado de trabalho. O segundo capítulo classificamos de "O Ser", que dará subsídios ao leitor para refletir sobre a importância da etiqueta social e da apresentação pessoal, orientando nos aspectos de comportamentos e postura do profissional. Por fim, o terceiro capítulo foi classificado de "O Fazer", direcionando o leitor nos aspectos dos procedimentos e técnicas do profissional, nos possíveis locais em que pode atuar.

Espero contribuir para o aprimoramento deste profissional tão essencial para o mercado de eventos.

Boa leitura!
Inês Montenegro

O Saber

O recepcionista de eventos, homem ou mulher, é um profissional bastante requisitado para exercer serviço fixo ou mesmo temporário de recepção, nos mais diversos tipos de eventos. Muitos até podem pensar que se trata de uma atividade simples, entretanto, deve possuir aptidão, conhecimentos, preparo apropriado e alguns requisitos fundamentais para desempenhar este papel. Deve compreender e obter informações que agregam à sua profissão, compreendendo o papel do profissional e em que setor está inserido. Partimos do princípio de que é preciso compreender o setor em que se atua nos aspectos sociais e econômicos, agregando valores e desempenhando bem o "saber" do profissional. Iniciaremos nossos estudos a partir da palavra "eventos". Precisamos refletir sobre o que ela significa e o que levou o homem a tantas realizações de eventos.

Conceito de "eventos"

Cada vez que se pensar na palavra *evento*, diferentes exemplos virão instantaneamente à cabeça de cada um: uma etapa da Fórmula 1, o torneio de futebol de seu clube preferido, a pescaria com os amigos, o congresso de sua categoria profissional, a reunião mensal de avaliação de resultados na empresa, o churrasco com a turma, a formatura de sua filha, o almoço aos domingos com toda a família, o batizado da afilhada, o lançamento de um livro, entre tantos outros. Mas *evento* é mais do que comemorações, celebrações, encontros festivos ou profissionais. Pensar num evento é fácil. Defini-lo já é mais complicado.

Aristóteles definiu que o "homem é um animal social", porque ele tem a necessidade de viver em sociedade, conviver, relacionar-se com demais pessoas. Já o ditado popular "nenhum homem é uma ilha" exprime, de forma sucinta, a necessidade intrínseca de convívio e interação social entre as pessoas. Com a finalidade de ampliar a esfera de seus relacionamentos inerentes ao convívio em família, no trabalho, na escola ou no lazer, e quebrando a rotina dos afazeres diuturnos, o homem cria, organiza e participa de reuniões, que são genericamente chamadas de eventos.

Seguindo a definição do Aurélio[1], evento significa: "acontecimento, sucesso". Mas será que todo acontecimento é um evento?

> Zita (2011, p. 23), define o evento como: "(...) um acontecimento onde se reúnem diversas pessoas com os mesmos objetivos e propósitos sobre uma atividade, tema ou assunto".

Zita também considera evento como reunião, onde pessoas vão discutir interesses comuns.

É um fato que nos desperta atenção. Nem todo acontecimento é um evento, mas todo evento é um acontecimento que requer planejamento, organização e profissionalismo, podendo ser notícia e, com isso, divulgar pessoas, empresas, produtos e serviços ou destinos turísticos. Serve como ferramenta de

---

[1] FERREIRA, Aurélio Buarque de Holanda. Novo Dicionário da Língua Portuguesa. Rio de Janeiro: Nova Fronteira, 1975. p. 593.

estratégia de marketing². Promover um evento, além de buscar o alcance de seus objetivos específicos (reunir, confraternizar, informar, trocar ideias etc), também significa buscar o **sucesso.**

Este objetivo é comum em todos os eventos, para todos que realizam um evento. Portanto, podemos definir que **evento é qualquer tipo de acontecimento onde as pessoas se reúnem com o intuito de trocar ideias de cunho profissional, cultural, político, comemorativo etc.** Constituem pretexto para essas ocasiões acontecimentos dos mais variados tipos e finalidades, que ocorrem esporadicamente na vida das pessoas, como nascimentos (batizados), entrada na puberdade (ritos de iniciação), noivados e casamentos (bodas) e até funerais. Há eventos de âmbito maior, pois dizem respeito à vida em comunidade, como os previstos para celebrar, em diferentes culturas, dias dedicados a Deus, aos santos ou a entidades pagãs, ligados ou não ao fim das colheitas e a estações do ano. São exemplos desses eventos as celebrações de *Halloween*, que entre os povos sofreram a influência dos celtas, assim como as festas juninas e os carnavais, mais difundidos no decorrer de nossa história. No âmbito das nações, ocorrem para comemorar ou homenagear datas importantes ou heróis nacionais, a exemplo de paradas militares e desfiles de escolas. Competições esportivas esporádicas ou periódicas, como rodeios, campeonatos, torneios e, em maior escala, as Olimpíadas também se constituem como eventos. No setor cultural, exposições de arte, bienais e shows musicais são também exemplos de eventos. Tão antigas quanto difundidas, as feiras livres semanais, hoje pontos de reunião e de troca ou venda de produtos, assumiram tal importância que, na língua portuguesa, entraram na designação da maior parte dos dias da semana.

---

2   Marketing: "Processo de planejar e executar a concepção, promoção e planejamento de distribuição de produtos e serviços para gerar mudanças que satisfaçam objetivos individuais e organizacionais". (Associação Americana de Marketing – American Marketing Association; citado por Ciletti, 2010, p. 4).

Origem e evolução

Nota-se que o homem não despertou para os eventos apenas nos dias atuais. Os eventos são acontecimentos que possuem origem na Antiguidade e que atravessaram diversos períodos da história da civilização humana, atingindo nossos dias. Nessa trajetória, foram adquirindo características econômicas, sociais, religiosas e políticas das sociedades representativas de cada época.

A história das civilizações inicia-se por volta do quarto milênio a.C., no Oriente Médio, com as sociedades hidráulicas nos vales do Tigre e Eufrates, estendendo-se pelo Oriente próximo: Egito, Índia e China. Culturalmente, esses povos conheciam pintura, escultura, literatura, música e arquitetura, mas não conheciam o teatro nem a filosofia. Essas manifestações nascem apenas com os gregos. Outro aspecto que se desenvolve somente com os gregos é o esporte. Até então, os exercícios executados pelo homem eram involuntários, em busca da caça para sobrevivência.

Os gregos iniciaram o culto ao corpo e, em homenagem ao deus supremo, inauguraram os Jogos Olímpicos. Sediado na cidade de Olímpia, em homenagem a Zeus (deus supremo da mitologia grega), o festival Olímpico era muito antigo, mas foi a partir de 776 a.C. (data da fundação dos jogos) que passou a ser feito um registro ininterrupto dos vencedores. Caso as cidades gregas estivessem envolvidas em guerras durante a realização dos jogos, proclamava-se uma trégua sagrada, que concedia uma espécie de salvo-conduto aos viajantes a caminho de Olímpia. Na verdade, esses viajantes não iam à Olímpia apenas para os jogos, iam para o festival religioso para conversar com outras pessoas vindas de Argos, Esparta, Atenas, Tebas ou outras cidades. Nessa ocasião, poetas e oradores aproveitavam-se do grande fluxo de pessoas para se tornar mais conhecidos através da declamação de suas obras.

Outros ainda aproveitavam o momento para diversificar seus negócios, realizados numa grande feira. Apesar do espírito de competição, não podemos esquecer que o grande templo de festival olímpico era antes de tudo uma ocasião religiosa, onde o centro de tudo era o grande templo de Zeus. Mais de 100 bois eram sacrificados no altar em frente ao templo e seu interior era dominado por uma estátua do deus coberta de ouro. Em frente a ela, cada atleta tinha que fazer um sacrifício e orar antes do começo. Existia um comitê organizador que decidia se a moral do atleta lhe dava o direito de competir.

Após mais de 1.500 anos adormecidos, os jogos foram ressuscitados através da iniciativa do francês Pierre de Fredy (1863-1937), o Barão de Coubertin. Baseado na afirmação de que os jogos são uma fonte de inspiração para o aperfeiçoamento do ser humano, ele propôs a criação, em 23 de junho de 1894, de uma competição internacional entre atletas amadores. Na primeira edição dos Jogos Olímpicos na Idade Moderna, participaram 285 atletas de 13 países, em provas de atletismo, esgrima, luta livre, ginástica, halterofilismo, ciclismo, natação e tênis.

Os Jogos Olímpicos já serviram de palco para várias manifestações políticas ao longo da história, como o fato de Adolf Hitler não ter ficado para a premiação do atleta norte-americano negro Jesse Owens ou o boicote dos EUA aos Jogos de Moscou (1980) em pleno contexto da Guerra Fria, por exemplo. Hoje, é um grande evento internacional, com esportes de verão e de inverno, em que milhares de atletas participam de várias competições. Atualmente, os Jogos são realizados a cada dois anos, em anos pares, com os Jogos Olímpicos de Verão e de Inverno se alternando, embora ocorram a cada quatro anos no âmbito dos respectivos Jogos sazonais.

> ### Você sabia?
>
> Foi nas Olimpíadas da Idade Moderna que a primeira maratona olímpica foi vencida pelo atleta grego Spiridon Louis.
>
> O primeiro atleta a ganhar uma medalha de ouro nas Olimpíadas de 1896 foi o norte-americano James Connolly. Ele venceu a prova de salto triplo masculina.
>
> Foi somente nos Jogos Olímpicos de Paris (1900) que as mulheres puderam participar do evento. O Brasil não participou da Primeira Olimpíada da Era Moderna.

Outro tipo de evento predominante na época eram as festas Saturnálias. Originadas na Antiguidade em 500 a.C, eram similares ao Carnaval atual, afirmando, além do lazer, os anseios, as esperanças e o folclore das regiões. Eram uma antiga festividade da religião romana dedicada ao templo de Saturno, deus da agricultura. Dizem as lendas que Saturno pregava a igualdade entre os homens e foi quem ensinou a arte da agricultura aos italianos. Durante aqueles festejos, vinha subvertida a ordem social: os escravos podiam considerar-se temporariamente homens livres. Eles saiam às ruas para comemorar a liberdade e a igualdade entre homens, cantando e se divertindo em grande desordem. A festa era celebrada a cada dia 17 de dezembro e, ao longo dos tempos, foi alargada à semana completa, terminando a 23 de dezembro. Tinham início com grandes banquetes, sacrifícios e, às vezes, orgias. Na Idade Média, o Carnaval passou a ser chamado de "Festa dos Loucos", pois o folião perdia completamente sua identidade cristã e se apegava aos costumes pagãos. Na "Festa dos Loucos", tudo passava a ser permitido, todos os constrangimentos sociais e religiosos eram abolidos. Disfarçados com fantasias que preservavam o anonimato, os "cristãos não convertidos" entregavam-se a várias licenciosidades que eram, geralmente, associadas à veneração aos deuses pagãos. A Igreja foi forçada a consentir a prática de certos costumes pagãos, para garantir a expansão do Cristianismo durante os últimos séculos de existência do Império Romano. Na Idade Média, esses costumes acabaram sendo permitidos, o que serviu como "válvula de escape" diante das exigências impostas aos medievos no período da Quaresma.

O Carnaval daquele período não é compreendido como um espetáculo, mas antes como uma manifestação. Essa manifestação acontecia em um espaço onde era criado um segundo mundo regido pela lei da liberdade, um mundo entre a vida e a arte. Era uma segunda vida, baseada no riso e na festa. As pessoas burlavam a vida oficial, com suas hierarquias, tabus, valores políticos ou morais. Na Quaresma, todos os cristãos eram convocados a penitências e à abstinência de carne por 40 dias, da quarta-feira de cinzas até as vésperas da Páscoa. Para compensar esse período de suplício, a Igreja fez "vistas grossas" às três noites de Carnaval.

Na Idade Moderna, a "Festa dos Loucos" espalhou-se pelo mundo afora, chegando ao Brasil, ao que tudo indica, no início do século XVII. Trazida e chamada pelos portugueses de Entrudo, se transformaria na maior manifestação popular do mundo e, por tabela, numa das maiores adorações aos deuses pagãos do planeta.

Você sabia?

No Brasil existiam os Entrudos de Família (que eram mais reservados, com um conjunto de famílias, e consistiam em arremessar limões de cheiro como forma de estabelecer os laços entre elas) e os Entrudos Populares (que aconteciam nas ruas das cidades, de maneira mais violenta, muitas vezes com o lançamento de urina e sêmen).

Os casamentos também são exemplos de eventos onde, com o passar do tempo, muitos costumes e tradições foram conservados e outros, deixados de lado. O referencial de nosso estudo da Idade Antiga serão as civilizações: Egito, Grécia e Roma. Assim, poderemos observar e comparar os costumes e tradições e o quanto influenciaram nos rituais de nossos dias.

- **O casamento no Antigo Egito:** considerado um ato privado, era a concretização do desejo de viver em conjunto, sem qualquer tipo de enquadramento jurídico e nem religioso. A língua egípcia não possuía uma palavra para "casamento", porém era recomendado ao homem casar e fundar uma família assim que suas condições materiais o permitissem. Ao homem era aconselhado amar e procurar agradar sua esposa. A valorização do casamento também está na arte egípcia, como atestam as esculturas e as pinturas nos túmulos nas quais o homem surge acompanhado pela sua esposa, que o abraça carinhosamente. A aprovação paterna era condição obrigatória para a realização do casamento, sendo concedida após as negociações com a família do pretendente. O noivado concretizava-se com a troca de presentes entre as famílias. O casamento entre familiares foi frequente. O casamento entre irmãos (meio-irmãos) existiu apenas na família real com objetivos políticos. O casamento entre os antigos egípcios era monogâmico. Porém, nos casos em que a condição econômica o permitisse, o homem poderia ter concubinas. A poligamia foi comum entre os faraós, que possuíam haréns com estrutura hierarquizada, onde a "grande esposa real" ocupava o topo e estava presente nas cerimônias oficiais junto com seu marido, sendo, em princípio, o seu filho primogênito que sucederia ao faraó. O harém era, de certa forma, um prolongamento da vida política e diplomática. O divórcio encontrava-se previsto em casos como o adultério ou a esterilidade.

O adultério recriminado era o feminino e não existia qualquer tipo de intervenção por parte da lei ou religião.

- **O casamento na Antiga Grécia:** era geralmente monogâmico, constituindo um assunto do foro privado sem intervenções. Era comum o casamento entre primos, entre um tio e a sua sobrinha, ou até mesmo entre meio-irmãos (desde que não do mesmo pai). A poligamia não era aceita. Os pares eram formados ao gosto dos pais quando as crianças completavam sete anos. A cerimônia se realizava quando o rapaz completava 13 anos e deixava a casa materna. A noiva costumava ser mais velha que o rapaz. Entre eles, era comum, após a consumação do casamento, o marido partir para a guerra e só voltar três anos depois para gerar nova leva de guerreiros. O casamento era antecedido pela cerimônia do noivado, que era sempre uma negociação entre o pai (ou tutor) da jovem e o noivo, e que poderia ocorrer em vários anos antes da concretização do casamento. Não era necessária a presença de sacerdotes na cerimônia do casamento. Na véspera da cerimônia, as famílias dos noivos realizavam sacrifícios a deuses. Os noivos tomavam um banho, ritual de purificação com água da fonte Calírro, que era transportada em vasos especiais por mulheres em cortejo. As casas dos noivos eram decoradas com ramos de oliveira e de loureiro. O pai da noiva oferecia um banquete onde a noiva tinha a cara coberta por um véu e uma coroa na cabeça. Durante o banquete, trocavam-se presentes e comiam-se bolos de sésamo, que, se acreditava, favorecerem a fecundidade. À noite, era feita a condução da jovem para a sua nova casa. Os noivos subiam para um carro puxado por bois ou mulas, acompanhados por parentes e amigos que seguiam a pé carregando tochas e cantando o hino do casamento. Na porta da casa do noivo, encontravam-se os pais dele, prontos para receber a noiva; a mãe do noivo segurava uma tocha na mão e o pai tinha uma coroa de mirto. Dava-se à noiva um bolo de sésamo[3]. Acreditava-se que favorecia a fecundidade junto com mel ou uma tâmara. Atiravam-se então sobre a cabeça desta, figos secos e nozes, enquanto ela era levada até o fogo sagrado pela mãe do noivo.

- **O casamento na Roma Antiga:** era uma das principais instituições da sociedade romana e tinha como principal objetivo gerar filhos legítimos, que herdariam a propriedade e o estatuto dos pais. Entre as classes mais prestigiadas, servia também para selar alianças de natureza política ou econômica. Para que um casamento fosse válido, era necessário que se respeitasse os seguintes critérios: a capacidade jurídica matrimonial; a idade e o consentimento. O noivado era realizado através de uma cerimônia entre as duas famílias que se comprometiam a contrair o casamento. Os pais poderiam prometer os filhos aos sete anos de idade. O noivo oferecia presentes à noiva juntamente com um anel de ferro (mais tarde, de ouro), que seria colocado no anelar da mão esquerda. Assinava-se o contrato nupcial, no qual estava estabelecido o montante do dote. Após as formalidades, tinha lugar um banquete e o casamento ocorreria num período entre alguns meses a dois anos depois. A quebra do compromisso gerava consequências patrimoniais, mas não se obrigava os noivos a casarem-se.

Durante a Idade Média, iniciou-se a evolução das leis do casamento. Em 1076, o Concílio de Westminster decretou que nenhum homem devia entregar sua filha a alguém sem a bênção de um sacerdote. Mais tarde, foi decretado que o casamento não devia ser secreto, mas antes um ato público. Muitas das vezes, o casamento significava a celebração de um contrato entre

---
3   Sésamo: também conhecido como gergelim.

os noivos, estipulando os direitos de cada um. A herança e a propriedade eram os principais motivos que fundamentavam esses casamentos arranjados. Também existiam casamentos por amor, mas esses se verificavam, sobretudo, entre as classes sociais mais baixas. Naquela época, a separação dos casais era tolerada e, embora não houvesse divórcio legal, a anulação do casamento era possível, mediante circunstâncias especiais.

As festas de casamento dos membros da nobreza muitas vezes aconteciam nos seus castelos. Eram grandes festas com divertimentos e comida farta. Nesse dia, os mendigos vinham de longe para receber as sobras do banquete e era tradição o senhor do castelo libertar alguns prisioneiros. Entre os camponeses, os casamentos eram celebrados na casa da noiva. Toda a aldeia se reunia para festejar e presentear os noivos com alguns utensílios de madeira e outras ferramentas. Independentemente da classe social, o casamento era sempre um acontecimento grandemente festejado, havendo, de praxe um banquete para celebrar a ocasião.

> ### *Você sabia?*
>
> Na Idade Média, o vestido de noiva era tradicionalmente azul, pois era o símbolo tradicional da pureza, embora o vestido pudesse ser de qualquer outra cor.
>
> Os cruzados que regressavam da Terra Santa trouxeram consigo uma tradição islâmica: a flor de laranjeira. Estas flores eram, no entanto, muito caras e apenas os nobres as podiam comprar.
>
> O bolo de noiva teve sua origem numa antiga tradição romana, que consistia em partir um pequeno pedaço de pão sobre a cabeça da noiva, a fim de lhe desejar fertilidade.
>
> O bolo de noiva de "andares" teve sua origem na Idade Média. Era costume os convidados trazerem pequenos bolos que eram colocados uns em cima dos outros. Os noivos tentavam então beijar-se sobre os bolos sem os derrubar para dar sorte e prosperidade.

Na Idade Moderna, começaram a ser mais comuns os casamentos por amor, e não apenas por interesse. O hábito da troca de cartas entre apaixonados tornou-se comum. Muitas vezes, as cartas tinham códigos secretos. Nesta época, o Concílio de Trento tornou a Igreja responsável pelo casamento. Antes, eram só civis e acontenciam em casa mesmo. A partir daí, passaram a acontecer diante de um membro da Igreja. Com a Reforma Protestante, houve novidades, o rei Henrique VIII, da Inglaterra, rompeu com a Igreja Católica e fundou a Anglicana, apenas para poder se divorciar e se casar com outra mulher.

Nos tempos atuais, a decisão de se casar ou não é dos jovens e não mais dos pais. Muitos casais realizam a cerimônia já imaginando que se não der certo logo, irão se separar e seguir sua vida. Para a mulher, já não é tão difícil deixar o marido, visto que ela pode facilmente conseguir um emprego e se sustentar. Para serem válidos os casamentos, tanto perante à autoridade civil quanto à religiosa, supõe-se a plena liberdade dos nubentes. Na cerimônia religiosa de um casamento, não é mais comum ver um padre e até mesmo o pastor dizerem as famosas palavras "até que a morte os separe" – é mais fácil dizerem "que sejam felizes enquanto dure o matrimônio". Porém, o casamento hoje não deixou de ser um dos momentos mais inesquecíveis na vida do casal. A cada dia, as pessoas desejam nas cerimônias e festas glamour e sofisticação. Ainda permanecem algumas tradições e outros costumes foram esquecidos.

Importância e contribuição dos eventos na atividade econômica

Tornam-se perceptíveis as modificações dos eventos ao longo do tempo. Alguns tipos deixaram de ser realizados, surgiram novos formatos, influenciados pelos mais diversos fatores econômicos, sociais, religiosos e políticos das sociedades representativas de cada época. E na sociedade de hoje? Quais os fatores relevantes nos eventos?

A cada dia, cresce a importância do turismo, que abrange uma variedade de segmentos, uma área que costumamos chamar de "turismo de eventos" (ou turismo de congressos ou de negócios). Esse segmento possui características peculiares e muito especiais, que o coloca numa posição privilegiada em relação a muitos outros. Isso advém da estreita relação entre turismo e eventos.

Hoje, os eventos constituem acontecimentos sociais direcionados para diversos setores – comerciais, culturais, científicos, religiosos ou esportivos –, podendo contribuir para uma maior integração nesses segmentos e, indiretamente, para o desenvolvimento de determinadas atividades. É um setor abrangente. Por exemplo: um congresso de qualquer área que seja o tema sempre movimenta uma série de empresas ligadas ao serviço de receptivo da cidade que o recebe. Isso faz circular o dinheiro, que gera riquezas e, no fim das contas, beneficiará pessoas e engordará as estatísticas socioeconômicas da cidade e do país. Podemos destacar vários pontos positivos:

- Área pouco atingida em época de crise;
- Não tem sazonalidade;
- Fator gerador de divisas e empregos;
- Como o turismo em geral, o turismo de eventos é motivador de investimentos e melhorias em diversas áreas, tais como centro de convenções, vias públicas, hotéis etc, trazendo benefícios para outros setores da economia.

Além de todos os fatores abordados acima, queremos destacar o fator de interação humana, que não pode ser substituído pela máquina. Portanto, não sofrerá negativamente o impacto de avanço tecnológico. Assim, a necessidade da presença de profissionais qualificados nos eventos é essencial.

> **Você sabia?**
>
> Hoje os eventos são muito utilizados como estratégia de marketing dos destinos turísticos.
>
> Hoje, o marketing é um elemento fundamental da comunicação. No contexto de negócios, está inserido no planejamento eficaz dos produtos e serviços, a fim de despertar o interesse dos clientes potenciais.

As autoras (Britto, Fontes, 2002. p. 33) enfatizam que:

> "O evento hoje, já desmitificado, atinge o patamar de atividade relevante na área de comunicação e é adotado para vencer grandes obstáculos gerados para a imagem das empresas e de suas marcas, gerando resultados concretos dentro de suas organizações".

Na ótica do marketing do turismo de eventos e turismo de negócios, o evento é considerado excelente ferramenta para divulgação do destino ou produto. Além de um fator relevante para motivação de pessoas a viajarem, através deles podemos classificar o tipo de turismo. Influenciados pelo processo de conhecimento e de compra, nos últimos anos tem crescido o número de eventos institucionais e promocionais nas cidades que se tornaram referências em termos de realizações de eventos, e que agregam sua imagem ao turismo.

Afirmam as autoras (BRITO; FONTES, 2002): "Os eventos estão criando oportunidades de viagens, ampliando o consumo e permitindo a estabilidade dos níveis de emprego do setor, o desenvolvimento e a comercialização do produto". Durante todo o ano, uma grande diversidade de eventos é planejada, dos mais variados tipos, podendo fazer parte do calendário de eventos da cidade.

Calendários de eventos

O calendário de eventos é de grande importância para uma cidade com fins turísticos. Ele é fundamental no setor turístico, tendo a finalidade de motivar e orientar os turistas no núcleo receptor, principalmente nas épocas de sazonalidade.

A construção do calendário deve contar com o envolvimento e a participação dos organizadores de eventos e de todo o setor turístico. Organizar uma eficiente programação, representada por um calendário de eventos, é importante e necessário para a economia, para definição de investimentos, para programações especiais e para definição de atividades tanto de empresas como de pessoas que interagem em função dessa importante atividade. Em alguns estados, cidades e regiões programam-se em conjunto para viabilizar suas festas. A elaboração do calendário de eventos em algumas regiões é essencial, porque o mesmo público que frequenta um evento certamente frequentará outro, quando se trata de eventos localizados em lugares próximos, ou seja, na mesma região. Por outro lado, é necessário evitar eventos com datas próximas, pois poderá ser fator de fracasso para um ou para outro.

Os calendários têm a função básica de divulgação de eventos; eles podem ser formatados e organizados de várias maneiras, tais como:

1. Ordem alfabética;
2. Data da realização;
3. Cidade da realização (estado, país);
4. Área básica de interesse: religiosa, artística, esportiva, social, cívica, folclórica, científica etc;
5. Tema principal: estabilidade, influência na economia brasileira, ecologia, os perigos do desmatamento etc;
6. Especialidade profissional: medicina, engenharia, ciências jurídicas, informática etc.

> ### *Você sabia?*
>
> O Convention & Visitiors Bureau é o orgão que não tem só o objetivo de captar e gerar eventos para a cidade sede e outras localidades do Estado. Também tem a finalidade de: manter intercâmbio cultural, técnico e social; promover o aperfeiçoamento dos recursos humanos; apoiar atividades esportivas; incentivar a pesquisa do campo das artes e da cultura; incentivar o turismo receptivo, entre outras.
>
> Fonte: www.fortalezaconvention.com.br

Compreendendo o calendário de eventos de sua cidade, o profissional recepcionista de eventos obtém informações dos possíveis eventos a serem realizados e, assim, pode se orientar para o mercado e direcionar ações para possíveis propostas de trabalho. Procure conhecer o calendário de eventos de sua cidade e os captados para o ano corrente. Acesse o site da Prefeitura e do Convention & Visitiors Bureau de sua cidade.

Classificação e tipologia dos eventos

Anteriormente, vimos que os eventos sofreram variações no decorrer dos tempos – não são iguais, têm formatos diferentes. Hoje requerem uma formatação e organização mais voltadas para seus objetivos. O entendimento da classificação se faz necessário para que o profissional entenda seus formatos, se oriente na segmentação de mercado e possa atuar de maneira eficiente em cada tipo de evento que trabalha. Para cada evento, objetivos, necessidades específicas, dinâmica e público-alvo diferenciados.

Os eventos são apresentados sob diversos tipos ou modalidades de acordo com sua natureza, fato gerador, objetivos, qualificação ou nível dos participantes, amplitude, área, local etc. Muitos autores classificam os eventos agrupando-os de várias formas, na tentativa de encontrar melhor entendimento.

Neste livro, classificaremos os eventos por sua dimensão; pelo perfil do participante; por tipo de adesão; conforme frequência de realização; quanto a localização; quanto a abrangência e por objetivos ou áreas de interesse.

- **POR SUA DIMENSÃO**: relaciona-se com o número total de participantes.

Figura 1: Classificação dos eventos quanto à dimensão.

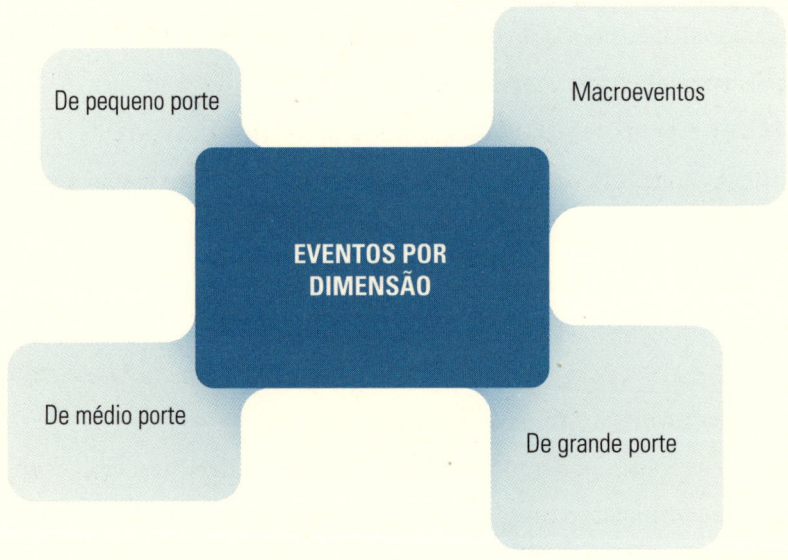

1. **Macroevento:** mobiliza milhares de pessoas, tanto na organização quanto na adesão (participantes). Normalmente operado por entidades públicas, tem abrangência internacional ou mundial. Ex.: Copa do Mundo de futebol.

2. **De grande porte:** embora menor que o macroevento, também mobiliza milhares de pessoas, mas é operado por empresas privadas. Ex.: Festa do Peão de Boiadeiro, de Barretos.
3. **De médio porte:** normalmente realizado com adesão de menos de mil participantes. Ex.: Seminários.
4. **De pequeno porte:** abrange apenas um segmento ou setor e tem número reduzido de público. Ex.: Festa infantil.

- **PELO PERFIL DOS PARTICIPANTES:** o perfil dos participantes tem relação com os custos – quanto mais sofisticado seu público, mais elevado será seu custo. Destacamos três tipos:

Figura 2: Classificação dos eventos pelo perfil dos participantes.

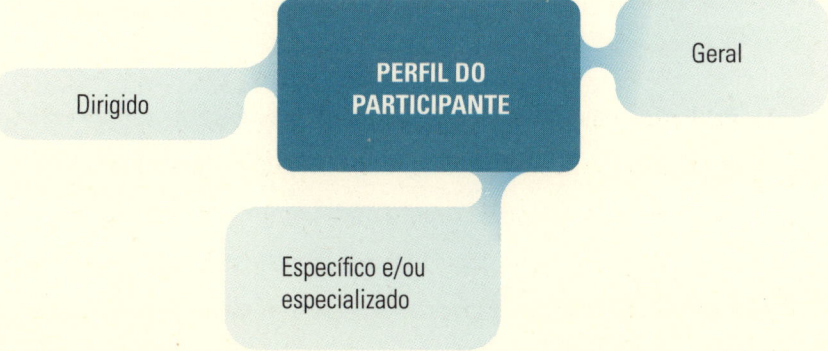

1. **Geral:** os participantes são de diferentes setores. Encontrados nas feiras abrangentes. Ex.: Feira de informática.
2. **Dirigido:** agrupa vários grupos profissionais com atividades e interesses comuns. Ex.: Fórum da Mulher e Aids.

3. **Específico e especializado:** compostos de técnicos e profissionais com atividades e interesses comuns. Normalmente encontrados nos eventos médicos, tais como otorrinolaringologia, geriatria.

- **POR TIPO DE ADESÃO:** a condição dessa classificação refere-se à forma de adesão dos participantes ao evento:

Figura 3: Classificação dos eventos por tipo de adesão.

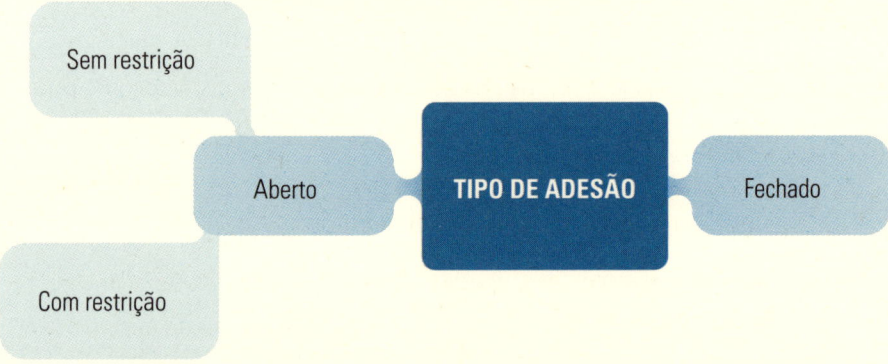

1. **Fechado:** adesão restrita, em que cada participante recebe convite restrito e específico do organizador, que normalmente paga as suas despesas. O tipo de evento mais comum dessa classificação é a convenção, para as quais os participantes recebem convocação compulsória de sua empresa.
2. **Aberto:** há dois tipos de adesões nessa classificação: com restrição, onde cada participante paga sua participação ou o acesso ao evento é livre, sem restrições, sem taxas de admissão ou cobrança de ingresso. Ex: Shows de músicas ao vivo organizados por órgãos públicos.

- **CONFORME A FREQUÊNCIA DE REALIZAÇÃO:** a época de realização dos eventos pode ser por definição de datas ou período:

Figura 4: Classificação dos eventos conforme a frequência de realização.

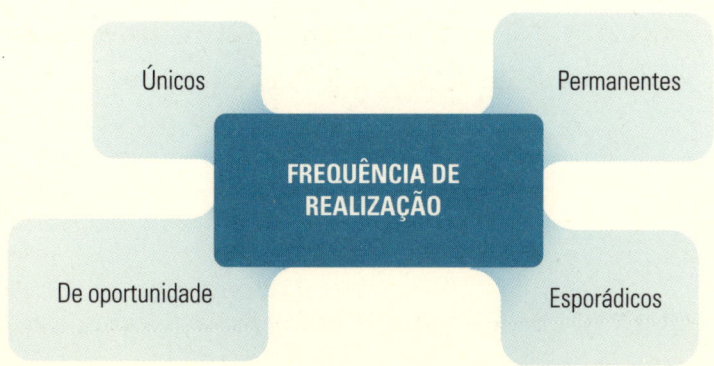

1. **Permanentes:** aqueles que ocorrem periodicamente: mensais, semestrais, anuais, bianuais etc. Ex.: Congressos, convenções.
2. **Esporádicos:** ocorrem em intervalos irregulares de tempo, a critério de seus promotores. Ex.: Rock in Rio.
3. **Únicos:** ocorrem uma única vez. Ex.: lançamentos de produtos e inaugurações.
4. **De oportunidade:** ocorrem em épocas de grandes eventos internacionais ou de eventos marcantes da história ou tradição local, aproveitando seu clima e sua divulgação. Ex.: Eventos esportivos que acontecem nos clubes e escolas, aproveitando a Copa do Mundo.

- **QUANTO À LOCALIZAÇÃO**: fixos ou itinerantes.

    Figura 5: classificação dos eventos quanto à localização.

- **QUANTO À ABRANGÊNCIA**: locais; municipais; estaduais; nacionais; internacionais; mundiais e regionais quanto ao estado, país ou continente.

    Figura 6: Classificação dos eventos quanto à abrangência.

- **POR OBJETIVO OU ÁREA DE INTERESSE:** nesse caso, o que prevalece é a finalidade e os objetivos do evento. De forma ampla, são classificados em: eventos comerciais; políticos; sociais; esportivos; gastronômicos; culturais; técnicos; turísticos etc. Veja a figura abaixo:

Figura 7: classificação dos eventos por objetivo ou área de interesse.

EVENTOS POR OBJETIVOS OU ÁREA DE INTERESSE

- Artístico
- Comercial
- Científico / Técnico
- Filantrópico
- Cívico
- Cultural / Artístico
- Gastronômico
- Social
- Divulgação / Promocional
- Religioso
- Ecoturismo
- Político
- Empresarial
- Turismo / Lazer
- Esportivo / Desportivo

A cada dia surgem novas classificações. Nas acepções acima, muitos desses segmentos apresentam, em geral, eventos específicos ou tipologias, tais como:

- **Comerciais:** convenção, *workshop*, mostra, leilão, feira, exposição, desfile, encontro, reunião etc;
- **Sociais:** recepção, baile, casamento, formatura, *garden party*, aniversário, passeio etc;
- **Artístico/culturais**: desfiles, festival, concerto, show, amostra, exposição etc;
- **Gastronômicos**: banquete, coquetel, festival etc;
- **Esportivos/desportivos**: competição, excursão, premiação;
- **Políticos**: debate, reunião, palestra, homenagem, convenção;
- **Históricos**: aniversário, inauguração, comemoração, desfile etc;
- **Religiosos**: encontros, festa, concílio, cerimonial;
- **Científicos ou técnicos**: congresso, seminário, palestra etc.

Em seguida, destacaremos em ordem alfabética algumas tipologias de eventos e suas características:

- **ALMOÇO OU JANTAR:** trata-se de refeição oferecida durante o dia (almoço) ou à noite (jantar). Muito utilizado para comemorações, confraternizações e consolidação de negócios entre empresas. Pode ser realizado em clubes, restaurantes, hotéis e refeitórios de empresas, quando são elaborados inúmeros tipos de cardápios, bem como várias maneiras de servir, tais como: à americana, à inglesa, entre outros. Existe uma nova variação, chamado almoço *Network*[4], mistura de almoço com reunião, quando se discute a pauta durante o aperitivo e durante a refeição é utilizado o tempo para o fechamento do assunto.

- **BANQUETE/JANTAR DE GALA**: é um evento gastronômico, solene e festivo, com a participação de um número expressivo de pessoas para celebrar um acontecimento relevante, de caráter social, familiar, político, cultural, profissional etc. Caracteriza-se pela qualidade dos serviços, das toalhas, baixelas, talheres e decoração, além da sofisticação do cardápio e elegância no vestuário das pessoas.

- *BRAINSTORMING*: o objetivo deste evento é encontrar soluções para um problema. Bastante usado pelos publicitários, permite uma análise ampla de várias possibilidades para uma questão. Esse evento deverá seguir três etapas: a primeira é a exposição de abertura, quando é apresentado o problema pelo coordenador por 10 a 20 minutos; a segunda, a exposição das ideias, com duração de uma hora a uma hora e meia; e, na terceira etapa, selecionam-se as ideias e elabora-se uma síntese, com duração de duas a três horas.

- *BRUNCH*: é uma expressão da língua inglesa, que é mais do que apenas a junção de palavras café *da manhã* (*breakfast*) com almoço (*lunch*). Os serviços e produtos nele oferecidos são também retrato de contração, pois é um café da manhã tão farto que chega a ser mini-almoço, ou seja, são servidos de forma equilibrada doces, salgados, sucos e bebidas alcoólicas leves. É servido perto do horário do almoço.

---

4 *Networking*: é uma palavra em inglês que indica a capacidade de estabelecer uma rede de contatos ou uma conexão com algo ou com alguém.

- **CAFÉ DA MANHÃ:** muito utilizado em encontros profissionais por dar mais retorno na capacidade de assimilação dos participantes pela justificativa do horário e no melhor aproveitamento do tempo. Servido nas primeiras horas da manhã, compõe-se basicamente de frutas da estação, bebidas (café, chá, chocolate, água e sucos naturais), cereais, pães, manteiga, geleias, omeletes ou ovos mexidos, torradas, bolos, tortas salgadas, e uma grande variedade de itens, podendo conter uma profusão de diferentes cardápios.

- **CASAMENTO:** trata-se da celebração da união religiosa ou civil entre duas pessoas. Esse tipo de evento requer atenção especial. O cuidado deve ser o mesmo com celebrações de bodas. É muito importante a criatividade.

- *COFFEE-BREAK*: podemos entender como o tradicional lanche, ou seja, parada para o café. Essa expressão idiomática é de origem da língua inglesa que, de tão utilizada na Inglaterra, superou sua tradução. Pode ser no período da manhã (10h30min) ou à tarde (15h30min). Geralmente são servidos: café, leite, chá, sucos, pães, bolos, frios, manteiga, geleia, entre outros.

- **COLÓQUIO:** muito utilizado pelo segmento médico, deriva-se da conferência. Seu objetivo é o esclarecimento de um tema ou tomada decisões sobre determinado assunto. Após a definição e exposição de um tema central feitas por um profissional de projeção, a plateia é dividida em grupos de debates. O resultado de cada grupo é apresentado por seus representantes para votação e aprovação da plateia.

- **COMEMORAÇÃO:** ato em que se celebra ou homenageia uma profissão ou *status*, como o Dia das Mães, Dia dos Pais, Dia Internacional da Mulher ou o Dia da Secretária. Muito utilizado pelas empresas com o objetivo de se promover junto ao seu público interno ou externo, como também motivar seus empregados e familiares. Os eventos sociais mais solicitados são os almoços e jantares.

- **CONCLAVE:** é muito parecido com o congresso, porém tem caráter religioso. É a reunião de cardeais para eleição de um novo papa, onde ficam em rigorosa clausura até que haja a escolha do nome.

- **CONCÍLIO:** é uma reunião de autoridades eclesiásticas, que tem como objetivos discutir e deliberar sobre questões pastorais, de doutrinas, fé e costumes morais. Não necessariamente da igreja católica, podendo apresentar características ecumênicas, visando a unificação das igrejas cristãs (católica, ortodoxa e protestante).

- **CONCURSO/COMPETIÇÃO:** evento que apresenta características de competição em áreas culturais, científicas, estéticas, esportivas etc. Tem como objetivo integrar, desenvolver a criatividade e criar um clima de competição. Um concurso é disciplinado por regulamento e coordenado por um grupo de especialistas em processo de seleção. No fim, os resultados são amplamente divulgados.

- **CONFERÊNCIA:** consiste na apresentação de um tema de interesse geral, de caráter técnico ou científico, por especialista de elevada qualificação da área. Destina-se a um público numeroso, de bom nível cultural e diversificado. Habitualmente, é apresentada em ambiente amplo, especialmente decorado e com mesa central ocupada por personalidades ou convidados especiais, além do presidente da mesa, que coordena os trabalhos. A conferência é um ato similar a uma palestra, porém mais formal e em condições mais confortáveis, não havendo interrupções pelo plenário. A duração ideal é de uma hora, sendo 40 minutos para a conferência e 20 minutos para perguntas e respostas, existindo conferencistas que não admitem perguntas, por serem autoridades no assunto, partindo do pensamento de que nada do que disser deve ser contestado ou debatido.

- **CONGRESSO**: é um encontro solene de grande porte com número elevado de participantes, promovido por entidades associativas e pode ter caráter regional, nacional ou internacional. Pode ter caráter profissional, técnico, cultural, artístico, político, histórico, entre outros. Seus objetivos são a apresentação de novas teorias e conceitos e debate de assuntos de atualidade e de interesse específico de determinada categoria ou ramo profissional. Por isso, os temas são apresentados por pessoas de elevado conceito técnico e profissional. Constam em sua programação mesas redondas, sessões plenárias, palestras etc. A média de duração é de cinco dias, com no máximo oito horas diárias. É divulgado com antecedência; é formada uma comissão organizadora para propor um regulamento e o regimento das sessões; existe um credenciamento de pessoas e, ao fim do evento, os trabalhos devem ser apresentados por escrito com antecedência prevista, para serem reunidos em documentos chamados de "Anais" e entregues aos congressistas.

- **CONVENÇÃO:** existem vários tipos, de acordo com seus objetivos político, empresarial ou simplesmente para simples congraçamento, como as comemorações de fim de ano. As convenções, quando reúnem pessoas de empresas, são realizadas por setores distintos ou também podem congregar todos os setores. As de caráter político têm o objetivo de decisões quanto à escolha de candidatos e deliberar questões de interesse partidário. São realizadas de forma esporádica, com duração de alguns dias. Em geral, nas convenções são abordados assuntos de interesses específicos e relacionados com a atividade e interesse profissional dos participantes, estimulando-se debates e discussões técnicas para estabelecer diretrizes gerais, podendo, também, ter caráter deliberativo sobre determinados assuntos.

- **COQUETEL:** tem como principal objetivo a socialização das pessoas. É considerado como uma recepção gastronômica de breve duração para promover ou comemorar atos e datas significativas. Também poderá substituir ou antecipar um almoço ou jantar, devendo ser mantido um equilíbrio entre as bebidas e alimentos servidos. Pela informalidade dos serviços, porporciona um clima de informalidade e descontração dos convidados. Existem várias classificações:

1. Coquetel *Party*[5]: serviço volante tendo como cardápio salgadinhos variados e bebidas;
2. Coquetel *Buffet*[6]: o cardápio servido em uma mesa e as bebidas, em serviço volante.

---
5 *Party*: Festa, comemoração, partido, reunião, bando, destacamento.
6 *Buffet*: é uma forma de servir comida a uma grande quantidade de pessoas. De maneira geral a comida é exposta em uma ou mais mesas para que o consumidor se sirva sozinho em uma ou mais passagens. Pode significar mesa para servir iguarias, bebidas etc.

3. O *vin d'honner*[7] é outra variação de coquetel escolhido especialmente para diplomatas e ocasiões cívicas, na qual são servidos vinhos e acompanhamentos.

- **CURSO:** Pode ter duração curta (poucas horas), média (meses) ou longa (vários anos). É dirigido para um público homogêneo, previamente inscrito e selecionado. Por meio de aulas, palestras e outros formatos, os participantes buscam aprendizado específico, com especialistas.

- **DEBATE:** Consiste na apreciação e discussão de temas específicos, em geral controvertidos e antagônicos, por dois ou vários debatedores, defendendo ponto de vista e posições diferenciadas. Pode ser aberto ou transmitido por veículos de mídia (televisão, rádio), sendo que a plateia não participa com perguntas. O debate é dirigido por um moderador ou coordenador de debate ao qual serão atribuídos poderes para assumir posições e simular situações, objetivando ativar as discussões e estimular a maior atenção dos presentes. O moderador faz a apresentação do tema, destaca os assuntos a serem debatidos e os objetivos do debate.

- **DESFILE:** muito utilizado para lançamentos de produtos de empresas de confecção e moda. O desfile poderá ser realizado sobre uma passarela ou ambiente especial coordenado por um mestre-de-cerimônias que deverá ter pleno domínio e conhecimento dos produtos apresentados. Geralmente, é seguido por um coquetel ou chá da tarde.

---

7 *Vin d'honner*: significa vinho de honra.

- **ENCONTRO:** dentro do turismo de eventos e de negócios, esse formato é muito usado para eventos das áreas humanas e sociais, objetivando apresentar trabalhos e estudos, além de trocar experiências relativas a suas áreas.

Atenção: não confundir com os eventos classificados como encontros de convivência, que têm como objetivo reunir pessoas para descontração e integração – e até mesmo negócios. Podemos citar como exemplos: jantar, almoço, coquetel, churrasco, happy hour, entre outros.

- **EXPOSIÇÃO:** tem como objetivo a venda de produtos expostos de caráter artístico, industrial, técnico ou científico.

- **FEIRA:** Geralmente é de grande porte, fixa e tem caráter comercial. Reúne fornecedores, fabricantes, vendedores, compradores ou clientes, consumidores ou usuários, entidades de fomento, financeiras, bancos etc, para estabelecer contatos comerciais, apresentação ou exposições de produtos, bens, serviços e apresentação ou lançamento de novas tecnologias. É construída uma estrutura de estandes, montada de acordo com as necesidades dos produtos e serviços a serem expostos. As feiras subdividem-se em: comerciais, industriais e promocionais.

- **FESTA:** tem como referência a comemoração e o congraçamento. Devido a sua grande abrangência, as festas fazem parte de quase todos os demais tipos de eventos. Podem ser abertas ou fechadas, festas públicas ou privadas, festas temáticas, infantis, religiosas, entre outras.

- **FESTIVAL:** usualmente é um evento de caráter artístico, periódico, objetivando competição, promoção comercial ou divulgação. Sua característica é de ser um espaço formador, fomentando a experimentação artística e a formação de recursos humanos. Promove inúmeros eventos e premia as expressões maiores nas artes cênicas, plásticas, visuais, literatura, cultura, música e projetos especiais. Um segmento que surge são os festivais gastronômicos, que são criados como ferramenta de marketing de cidades ou regiões.

- **FÓRUM:** tendo a duração de um ou mais dias, visa discussão e debate de temas da atualidade com a presença e participação ativa de elevado número de pessoas interessadas ou representantes de setores de atividades ou associações de classe. O fórum é dirigido por um coordenador que comanda o grupo de debatedores, permite debater com liberdade e busca um consenso geral.

- *GARDEN PARTY:* significa uma festa no jardim. Promovido no início do verão, ao ar livre, com início à tarde, prolongando-se até a noite. Habitualmente, o *garden party* é realizado junto à piscina ou jardim, com as mesas ao redor de um tablado ou palco. O cenário inclui pista de dança e música moderna adequadas ao clima, ambiente e participantes. O cardápio do evento consiste geralmente em petiscos. Opção preferida pelos clubes sociais na temporada de verão e por empresas de confecção e moda para realização de desfiles, no lançamento da nova coleção.

- *HAPPY HOUR*: considerado como encontro de convivência. O fim da tarde é o horário escolhido para esse encontro, tendo cardápio similar ao do coquetel. Faz parte da programação dos bares e restaurantes, servindo como atrativo de clientes.

- **INAUGURAÇÃO:** constitui-se na apresentação para o público-alvo de um novo local (instalações). Esse tipo de evento pode envolver cerimonial (com descerramento de placa comemorativa ou corte de fita inaugural) e visita às instalações. A opção de Alimentos & Bebidas mais solicitada é o coquetel.

- **JORNADA DE TRABALHO/ENCONTRO TÉCNICO:** evento periódico, promovido por entidades ou classes, de âmbito regional, reunindo profissionais para discutir assuntos de interesse específico. Poderá ser realizada em vários dias em salas distintas, para abordagem de temas diferenciados, simultaneamente, com um número médio de pessoas.

- **LEILÕES:** Esse evento é de interesse comercial, reunindo interessados na venda pública de objetos específicos (cavalos, imóveis, carros, obras de arte etc), arrematados por quem oferece maior valor, ou seja, maior lance, e é coordenado por um leiloeiro. É usual oferecer somente um *coffee-break*.

- **MESA-REDONDA:** é um evento promovido geralmente por entidades profissionais, de curta duração, com participação de um número reduzido de especialistas que ficam sob a coordenação de um moderador com finalidade de controlar o tempo e posteriormente pomover debate entre os expositores. É aberto para que a plateia se manifeste através de perguntas.

- **MOSTRA:** uma forma de expor publicamente produtos, objetos, com caráter circular, ou seja, itinerante, que percorrem vários locais ou cidades, com os mesmos conteúdo e formato.

- *OPEN DAY:* é uma derivação da visita técnica; são abertas as portas da empresa para que seja visitada por um público restrito, normalmente familiares dos funcionários. Esse evento tem como um de seus principais objetivos promover a integração empresa-funcionário-família.

- **OFICINA:** no mesmo formato do *workshop*, com duas fases: a primeira expositiva e a segunda, mais prática, quando os participantes testam os conhecimentos obtidos. Porém, difere dos *workshops* pelo caráter comercial.

- **PAINEL:** consiste no debate e análise informal de um problema ou tema pré-selecionado. Tem o objetivo de reproduzir as informações de um pequeno grupo, favorecendo uma abordagem por vários ângulos da situação. Normalmente, são convidados vários técnicos e especialistas para a participação no debate, sob a coordenação de um moderador com as devidas atribuições:
    1. Apresentar o tema e o objetivo da reunião ou discussão; apresentar os componentes do painel, da esquerda para a direita ou até de acordo com o nível hierárquico dos participantes;
    2. Informar aos participantes o regimento interno do painel e, em especial, esclarecer sobre o período de tempo permitido nas intervenções e perguntas do público na 2ª etapa;
    3. Encerrar o evento dirigindo-se aos painelistas, público e colaboradores.

O moderador será o elemento dinâmico do evento, devendo empenhar-se para manter os trabalhos em nível elevado, de forma ativa e dinâmica, contornando os eventuais problemas e conflitos.

- **PALESTRA:** é uma exposição de um assunto para uma plateia relativamente pequena, apresentando características de uma conferência, porém, com menor formalidade. Tendo um tema preestabelecido e de interesse específico para um grupo homogêneo de pessoas, com limitação do tempo de duração. A palestra pode ser proferida sob a forma de simples narrativa de fatos ou por meio de um ciclo de debates, quando participam diversos professores ou especialistas para a abordagem de vários assuntos. São admitidas perguntas dos presentes.

- *ROADSHOW*: Possui objetivos que podem ser amplos: conquistar clientes e o apoio da população; promover produtos e serviços; informar sobre uma empresa, organização, governo ou partido político, entre outros. Uma carreta ou ônibus são utilizados para deslocar essa exposição ou demonstração (fotos, livros, vídeos, produtos etc.) de um lugar para o outro.

- **RODEIO:** Esse tipo de evento caracteriza-se pela realização de competições esportivas com práticas de várias modalidades, como: montaria em touro, montaria em cavalo e provas cronometradas (laço de bezerro, em duplas, três e dois tambores etc). Ex.: Festa do Peão de Boiadeiro de Barretos.

- **REUNIÃO:** Geralmente é promovida por empresas e entidades. Tem como objetivo discutir temas relacionados com atividades da empresa. Normalmente apresenta curta duração com pauta preestabelecida para discussão de fatos, análise de situações e planejamento de atividades e trabalhos. Em geral, os ambientes das reuniões apresentam características de descontração e liberdade para a abordagem dos temas. Deverá ser estabelecido um horário referencial para o início e término, a fim de se obter maior produtividade. Ao fim da reunião, é recomendável lavrar uma ata ou relatório dos principais assuntos discutidos.

- **RODADA DE NEGÓCIOS/ENCONTRO EMPRESARIAL:** Geralmente sua duração é de sete dias. Tem como objetivo proporcionar contato entre empresários, consumidores potenciais, compradores e fornecedores de produtos e serviços, concretizando parcerias e negócios.

- **SEMANA:** Apresenta características de um congresso, com palestras, conferências e painéis durante sete dias. Divide-se em três fases: expositiva, discussão e conclusão. Pode ser de dois tipos: empresarial – uma semana dedicada à reunião de pequenos eventos e a determinado tema; e acadêmica – reunião de estudantes, apoiada por profissionais e coordenada pelos professores.

- **SEMINÁRIO:** Reunião de um grupo de pessoas com um nível de capacitação e experiência de um determinado campo técnico para receber instrução mais avançada sobre aspectos atinentes à sua profissão ou para debater um tema. Nos seminários, há a necessidade de divisão em três etapas distintas:
  1. Exposição: informação ao público sobre o que será debatido;
  2. Discussão: o tema é dissecado através de discussões, debates e trabalhos diversos;

3. Conclusão: os resultados das discussões são aprovados e, em alguns casos, submetidos à apreciação da plenária com as recomendações finais do seminário.

- **SHOW:** Evento basicamente destinado a apresentações artísticas e musicais, com características próprias quanto ao cenário e tecnologia. A participação é ampla, podendo atingir toda a plateia. Zita (2011) ainda cita o *megashow* e o *talk-show*:
1. **Megashow:** destinado a um público maior; dependendo de sua complexidade, requer um número de profissionais especializados em som, iluminação e efeitos. Necessita de grande e forte infraestrutura de palco.
2. **Talkshow:** nesse tipo de show, associa-se uma entrevista com uma pequena apresentação musical do artista.

- *SHOWCASING*: esse evento é uma alternativa às feiras, ao representar um novo conceito de vitrine interativa. Os participantes contratam o expositor, apenas por telefones instalados ao lado da vitrine fechada onde estão expostos os produtos.

- **SIMPÓSIO:** tipo de evento semelhante à mesa-redonda, tendo como objetivo reunir profissionais de caráter científico ou técnico. Apesar das semelhanças entre mesa-redonda e simpósio, diferem pela presença de várias pessoas que abordam aspectos diferentes de um mesmo tema, enquanto a mesa-redonda aborda temas diversificados.

- **TORNEIO:** Evento semelhante a um campeonato, mais ligado a eventos esportivos; deve ter um regulamento previamente estabelecido com regras junto aos participantes, que são limitados a uma inscrição antecipada. Ex.: Torneio de futebol.

- **TREINAMENTO:** são reuniões de duas ou mais pessoas, usualmente da mesma empresa ou organização, com o objetivo de promover reciclagem profissional e/ou treinamento de atividades específicas. A duração média é de um a dois dias.

- *VERNISSAGE:* o termo *vernissage* é francês. Define-se como lançamento inédito. Trata-se de um evento destinado a apresentar pela primeira vez ao público determinado trabalho, livro, obras de arte etc. Pode ser antecipado por um pequeno coquetel ou vinho de honra. Deve prever discurso de apresentação, inauguração com cerimônia predeterminada e anunciada no convite.

- **VIDEOCONFERÊNCIA:** também chamada de teleconferência, é um tipo moderno de evento que emprega alta tecnologia tanto em comunicação como em aparelhagem (recursos audiovisuais e eletrônicos). É uma reunião compartilhada por participantes de diferentes locais, cidades ou até países simultâneos. Pode ser um evento aberto ou fechado, dependendo do tema apresentado e do grupo de pessoas envolvidas.

- **VISITA:** é um dos eventos mais praticados no País. Tem curta duração (máximo de três horas) e envolve poucas pessoas. A visita técnica caracteriza-se por um grupo de pessoas que se deslocam até o local, com o intuito de obter conhecimentos específicos que lhes propiciem aprimoramento profissional ou acadêmico.

- **WORKSHOP:** também chamado de oficina ou laboratório, caracteriza-se por uma exposição de curta duração com finalidade de aprendizagem, onde são expostas ideias e experiências destinada a participantes previamente escolhidos. Poderá ser composto de exposição de produtos e demonstração de serviços específicos ou através de trabalhos.

> *Você sabia?*
>
> Um evento pode apresentar vários objetivos e em sua programação pode conter várias tipologias, de acordo com sua complexidade.

O profissional recepcionista de eventos e a necessidade da qualificação

Hoje, os eventos deixaram de ser um simples acontecimento da sociedade, realizados por familiares e amigos, para ser executados por profissionais qualificados da área, havendo oferta dos mais variados serviços.

Dentro das expectativas do mercado de eventos, cresce o número de eventos captados. O próprio Ministério do Turismo, na formatação do Plano Nacional de Turismo (PNL) – (2013-2016), definiu como um dos objetivos estratégicos: preparar o turismo brasileiro para os megaeventos e melhorar a qualidade e a competividade do turismo brasileiro. Criou o Departamento de Qualificação e Certificação e de Produção Associada ao Turismo (DCPAT), que tem como uma das responsabilidades organizar, implementar e apoiar as ações voltadas à qualificação e certificação profissional e à melhoria dos serviços prestados ao turista, de acordo com a Política Nacional de Turismo. Isso nos faz perceber o grande interesse pelo turismo e pelo turismo de eventos. Hoje, várias de nossas cidades são consideradas núcleos receptores do País, palco de grandes eventos, das mais diversas classificações – como abordamos anteriormente.

O turismo e o turismo de eventos, como já mencionado, exigem um fator de interação humana que não pode ser substituído pela máquina, porém requer atenção nos aspectos que exige uma boa hospitalidade e prestação de serviços. Os eventos são constituídos por um conjunto de prestadores de serviços que, em equipe, trabalham para o sucesso do evento. O profissional recepcionista é o recebedor, o que recepciona as pessoas, pertence à comissão de frente do evento, o primeiro que mantém contato com o participante. Através desse contato, haverá interação de pessoas e formação de uma imagem. Daí a importância da qualificação do profissional, do diferencial, do saber recepcionar.

> *Você sabia?*
>
> A hospitalidade ocupava lugar de destaque na hierarquia de valores da civilização dos gregos. Ao chegar a uma cidade grega, o viajante era bem recebido e, durante sua permanência, passava a ser protegido pelo hospedeiro contra possíveis tentativas de agressão e injúrias. Os gregos, ao construírem suas casas, incluíam em seus projetos espaços reservados especialmente para os visitantes, porque acreditavam que um deles poderia ser o próprio deus Zeus (o deus da hospitalidade), disfarçado de visitante. (Castelli, 2005).

O mercado de hoje exige do profissional o desenvolvimento de várias competências para o alcance dos resultados esperados, que devem ser avaliadas através do conhecimento, habilidades e atitudes. O Código Brasileiro de Ocupações (CBO), na ocupação de recepcionista (4221), especifica as competências pessoais, como:

- Agir com bom senso;
- Demonstrar capacidade de se antecipar às necessidades dos clientes;
- Demonstrar iniciativa;
- Demonstrar afabilidade;
- Demonstrar interesse;
- Agir com agilidade;
- Demonstrar organização, educação, autonomia, paciência, entusiasmo e respeito mútuo;
- Demonstrar espírito de equipe;
- Demonstrar capacidade de autoavaliação;
- Demonstrar interesse no aprimoramento profissional;
- Demonstrar fluência verbal em idioma estrangeiro;
- Demonstrar conhecimentos de informática.

Já a Norma Nacional do Instituto de Hospitalidade (2002) especifica melhor as competências para recepcionista de eventos[8]. Esse profissional deve ser capaz de:

- **Apoiar o organizador do evento** – o que pode incluir receber instruções e orientações técnicas sobre produtos e serviços que serão apresentados no evento; preparar ambiente e material para receber o participante; checar equipamentos de apoio, iluminação e som; verificar limpeza e arrumação do ambiente; orientar as equipes do serviço de limpeza, manutenção e reposição; atuar na secretaria do evento, entre outros.
- **Recepcionar o participante** – o que pode incluir receber e acolher o participante ou convidado no evento; conferir lista de inscrição; realizar inscrição no evento; distribuir crachás, materiais do evento

---

8   NIH-30: 2002 – Ver. 01. Instituto de Hospitalidade, (2002). www.hospitalidade.org.br

e promocional; fornecer informação sobre o evento, produtos ou serviços; orientar sobre localização, intervalo e refeições; distribuir e controlar devolução de equipamentos; atender solicitação especial ou não programada; providenciar serviço de traslado;

- **Apoiar palestrante** – o que pode incluir recepcionar e acompanhar palestrante; informar sobre utilização do tempo; conduzir questões e respostas em plenário; atentar para as necessidades de apoio às solicitações, como: água, pincel, material de escritório, entre outros; distribuição de material informativo; utilização de equipamentos; atender solicitações especiais.

- **Cuidar da apresentação pessoal e postura profissional** – o que pode incluir cuidar da higiene e apresentação pessoal, uniformes acessórios que influenciam na aparência; adequar vestuário para cada tipo de evento; lidar com situações constrangedoras; usar linguagem e tratamento adequados de acordo com o cliente em atendimento.

- **Assegurar a satisfação do cliente** – poderá ser qualquer pessoa que se dirija à recepcionista e esteja inserida no contexto e conforme procedimentos definidos pelo cerimonial do evento.

- **Maximizar a segurança e privacidade do participante** – o que pode incluir assegurar a privacidade no fornecimento de informações; controlar o acesso ao evento; atuar como observador de anormalidades que apontem para um possível problema; informar ao superior sobre o problema existente; acionar a segurança; orientar o participante em situação de emergência.

- **Operar equipamentos** – as empresas de serviço serão as responsáveis por esse procedimento. Porém, se chamadas, deverão ser treinadas antecipadamente.

- **Apoiar a equipe no momento do fechamento do evento** – o que pode incluir receber e devolver material; auxiliar na tabulação dos resultados; apoiar o controle de produtos consumidos e utilizados no evento.

Além de todas as competências relacionadas acima, ainda sugerimos que o profissional tenha noções de primeiros socorros e conheça princípios e normas de segurança de trabalho. Aparentemente, recepcionista de eventos parece ser uma profissão fácil, quando se tem a ideia de que basta ser gentil, educado e sorrir para as pessoas. O trabalho é complexo; quanto mais informações o profissional associar a sua função será mais bem qualificado.

Conhecimentos necessários

Falamos anteriormente da estreita relação entre turismo e eventos e das competências necessárias. Um fator relevante para o profissional é conhecer os aspectos geográficos, sociais, culturais e turísticos da região onde será realizada o evento. O profissional pode interagir com pessoas dos mais diversos locais, informando sobre os serviços, despertando curiosidades sobre acontecimentos de âmbitos municipal, estadual e federal. Procure saber a história de seu município, a composição do município, bairros, vilas e distritos; a extensão e cidades vizinhas; os serviços de transportes urbanos e interestaduais; os nomes das principais autoridades do município (prefeito, presidente da Câmara dos Vereadores, juiz de Direito, promotor etc); a localização das igrejas, museus, parques, estádios de futebol etc; os principais telefones de utilidade pública; a economia e produção municipal; a identificação dos melhores hotéis da cidade e, principalmente, identificar as características do evento em que está trabalhando (setor, público alvo, serviços, programação, entre outros).

Também deverá estar atento às informações estaduais: nomes das principais autoridades (nome do governador, do vice-governador, do presidente da Assembleia Legislativa do Estado); a economia e produção estadual; projetos em nível estadual na área do turismo; localização dos estados vizinhos de fronteira; principais fatos atuais em nível estadual e, por fim, as informações nacionais: nome dos Estados e Distrito Federal; nome completo do presidente da República; principais centros de atrações turísticas em nível nacional e tipo de governo. Uma boa dica é sempre ler jornais e estar atento aos noticiários local e nacional.

Outros fatores relevantes são as informações do próprio evento. Antes de inciar um trabalho, procure buscar informações específicas sobre o evento que será contratado, tais como: Qual o promotor do evento? A que se destina seu público-alvo? Existem patrocinadores e apoiadores no evento? Quais os possíveis objetivos para a realização do evento? Quais os serviços oferecidos? Como ocorrerá sua programação e quais os espaços disponíveis? Quais as autoridades e convidados especiais? Quais as necessidades no atendimento do evento? São respostas específicas de cada evento e que serão fornecidas pelo organizador e contratante para o serviço de recepção.

Fases dos eventos e a contratação do profissional

Sabemos que o objetivo comum de todo evento é o sucesso. Os resultados esperados servem de estratégia de marketing e contribuem para a economia local. Para isso, é preciso ver o evento de forma profissional: planejar e organizar com criatividade e muita atenção nos detalhes a serem executados de acordo com os objetivos a serem alcançados. Alguns autores determinam que o evento seja composto de três fases: pré-evento, trans-evento e pós-evento. Em que etapa do evento o profissional recepcionista participa? Qual o momento de sua contratação? Qual o segredo do sucesso de sua contratação?

Na fase inicial, chamada de "pré-evento", época de planejamento, é elaborado um projeto onde devem constar todos os detalhes. O segredo do sucesso de um evento está no planejamento. Porém, ele não segue uma regra fixa e imutável. Saber planejar um evento é essencial. Em seguida, são captados recursos e contratados os prestadores de serviços, entre eles o profissional referido. Geralmente, isso se faz da seguinte forma:

- **A busca de candidatos:** Nessa fase, a empresa contratante, ou seja, a organizadora do evento, busca em seu banco de dados profissionais que tenham o perfil para o evento a ser realizado. Após a seleção na busca de *curriculum vitae* (CV), o profissional é selecionado e chamado para uma entrevista. É importante um cuidado especial para a elaboração de um CV, pois dele são retiradas todas as informações para alimentação do banco de dados da empresa;
- **A entrevista:** Onde geralmente acontece o primeiro contato entre a empresa contratante e o profissional. São observados detalhes que são importantes para o profissional, como: pontualidade, boa aparência, desinibição, boa comunicação, entre outras.
- **Assinatura do contrato de trabalho:** O trabalho de um profissional recepcionista de eventos é esporádico por um determinado espaço de tempo e tem características de uma prestação de serviço. Praticamente, é inviável seguir as leis regulamentadas pela Consolidação das Leis de Trabalho (CLT). Para uma melhor formalização do serviço prestado, não deixando nenhuma dúvida dos deveres e direitos das partes envolvidas, é necessária a elaboração de um contrato. Você poderá conhecer um modelo de contrato de serviços para a contratação dos serviços de uma recepcionista no

anexo deste livro. Depois da contratação dos profissionais é realizado um encontro, onde são dadas todas as informações necessárias para o bom andamento do evento.

Seguem algumas dicas para o profissional ter sucesso na entrevista:

- Dirigir-se ao local indicado, pontualmente, procurando evitar atrasos, chegando, pelo menos, 10 minutos antes do horário marcado;
- Comparecer ao local adequadamente trajado, evitando roupas muito justas e curtas, além de sapatos que pareçam chinelos e/ou tamancos. A cor da roupa deve estar de acordo com o horário (nada de roupas chamativas e rebuscadas com brilho durante o dia);
- A maquiagem deve ser discreta e leve, permitindo ao entrevistador olhar seu rosto com clareza;
- Ao entrar na sala do entrevistador, espere que ele a cumprimente e a mande sentar, não tome a iniciativa;
- Lembre-se das normas de postura ao sentar, evitando cruzar as pernas de maneira errada;
- Trate com o entrevistador apenas assuntos relativos ao evento, nada de intimidades, mesmo que você o conheça, pois a atitude profissional deve vir em primeiro lugar;
- Responda a todas as perguntas com calma e de forma clara e objetiva; não tente improvisar e rebuscar seu palavreado, principalmente se não estiver acostumado;
- Nunca minta nas respostas, pois você pode ser pego pela palavra na resposta da pergunta seguinte;
- Procure dar atenção máxima às informações e perguntas do entrevistador, demonstrando muito interesse;

- Não leve celular a uma entrevista, e se levar, desligue-o durante a conversa;
- Não use gírias; trate o entrevistador como "senhor" ou "senhora", conforme o caso;
- Procure lembrar-se de memória seu endereço e telefone completos, inclusive o CEP;
- Procure informar ao entrevistador, quando ele perguntar, opções de referência de antigos trabalhos;
- Na saída, deixe-o fazer os últimos comentários: se ligará ou se você deverá ligar.

Na segunda fase, chamada de "trans-evento": época de realização do evento, quando ele acontece. É a etapa de atuação do profissional recepcionista de eventos. Aqui, deverá desenvolver todas as competências exigidas nos aspectos do saber, do saber ser e do saber fazer, destacadas nos capítulos deste livro. Por fim, a última fase, o "pós-evento": etapa da prestação de contas, quando o profissional deverá receber seu pagamento de acordo com contrato estabelecido. Nessa etapa, ainda é feita a tabulação de dados, avaliação dos resultados e é elaborado um relatório final onde constam informações gerais do evento. Ainda são emitidas cartas de agradecimentos aos colaboradores e apoiadores do evento. Havendo uma conscientização de uma boa atuação por parte do profissional, em todos os momentos, ele deixará uma boa imagem e, assim, credibilidade para futuros trabalhos.

O Ser

Postura profissional e pessoal

O PROFISSIONAL RECEPCIONISTA DE EVENTOS

O ponto de partida é entendermos que esse profissional se relaciona com diferentes tipos de pessoas ao desenvolver seu trabalho, exercendo várias funções, como: demonstrador de produtos em um *stand* de feira; recepcionista de convidados em feiras, *stands*, festas, vernissage etc; acompanhante de clientes em passeios e excursões, atendendo ao telefone, convivendo com colegas (chefes e patrões), recebendo pessoas das mais diversas camadas sociais para dar informações, tratar de negócios e conviver.

Muitos requisitos são exigidos ao profissional recepcionista de eventos. Manter o alto astral é essencial. Para colaborar para o sucesso do evento, deve se preocupar com: simpatia, facilidade em comunicar-se e expressar-se, cordialidade. Desinibição, boa apresentação pessoal, sensibilidade, percepção, boa vontade, criatividade, conhecimentos, excelente atendimento, competência, ética e, principalmente, uma boa educação são fatores essenciais, assim como saber sair de situações difíceis. Todas as suas ações refletem na formação da imagem pessoal e profissional – consequentemente, na imagem do evento. Portanto, os assuntos abordados neste capítulo levarão ao conhecimento e à reflexão da importância e da conciência das atitudes do "Ser" profissional.

Já demonstramos que o evento é uma ferramenta formadora de imagem[9], tanto de empresas, como de produtos e pessoas. A imagem do profissional contratado também contribui para a formação da imagem do evento. Imagem é somente aparência? Como trabalhar a imagem do profissional recepcionista de eventos? Quais os cuidados que precisa ter?

Muitas pessoas acham que imagem é somente aparência, porém é algo mais. É um conjunto de fatores que envolvem comportamento, comunicação e aparência. O ideal é fazer uma análise tipo "pente-fino" da própria imagem, levando em conta esses três fatores. Vários desses pontos podem comunicar a ideia de incompetência, irresponsabilidade, falta de comprometimento ou simplesmente distorcer a maneira como você é visto por outras pessoas.

O profissional deve pensar em seu marketing pessoal. Assim, se tornará sempre competitivo no mercado. Existem pessoas que questionam sobre o porquê de conseguir entrar e não se manter no mercado de trabalho. É necessário trabalhar sua imagem numa visão ampla, complexa e competitiva, trabalhar o marketing no campo pessoal. Este pode ser considerado como uma estratégia individual para atrair e desenvolver contatos e relacionamentos interessantes do ponto de vista pessoal e profissional, bem como para dar visibilidade a características, habilidades e competências relevantes na perspectiva da aceitação e do reconhecimento por parte de outros.

Existem vários elementos fundamentais para a prática do marketing. O primeiro é a qualidade do posicionamento emocional para com os outros – pode ser definido como sendo a forma de como as pessoas se

---

9 Imagem: aquela que se forma pela convergência de raios que passaram através de dispositivo formador de imagens e pode ser projetada.

lembrarão de um indivíduo. Assim também se associa a como aquele profissional se posiciona emocionalmente nas mais diversas situações que os eventos podem proporcionar. Suas atitudes estão corretas nos ambientes de trabalho? Sabe sair de situações difíceis?

O segundo elemento é a comunicação interpessoal, considerada um grande elo que destaca um indivíduo em meio a outras pessoas. Quando sabemos nos expressar criamos vínculos. Usar uma linguagem correta e adequada a cada contexto, escrever bem, vencer a timidez, usar diálogos motivadores e edificantes e manter um fluxo de comunicação regular com as pessoas é necessário. O profissional necessariamente necessita interagir com as pessoas para fazer um bom trabalho. Então, como está sua comunicação?

O terceiro elemento fundamental para trabalhar o marketing pessoal é pensar a forma de montagem de uma rede relacionamentos, que pode ser definida como uma teia de contatos, nos mais variados níveis, fundamentais para o indivíduo se situar social e profissionalmente. Trabalhar em eventos é ter rede de contatos sempre atualizados e se postar disponível para o desempenho da profisssão. Como está sua rede de relacionamentos? De que forma trabalha sua rede de relacionamentos tanto presencial, como virtualmente? Está sempre presente nos eventos? Trata as pessoas com atenção e cordialidade? Está sempre mantendo contato com possíveis parcerias de trabalho? Aproveita as oportunidades para incrementar sua rede de relacionamentos?

O quarto é um correto posicionamento da imagem, ou seja, uma adequação visual ao contexto social, a maneira como se veste de acordo com a ocasião, tendo o cuidado da combinação estética de peças, cores e estilo, bem como os cuidados físicos fundamentais, tais como o corte do cabelo, a higiene, a saúde dentária etc. Como está a sua? Como se veste nos mais variados contextos sociais? E no trabalho, cuida de sua aparência?

Por último, podemos citar algumas práticas de ações de apoio que podem ajudar e incentivar na prática dos demais elementos, tais como: repensar a melhor forma de crescer nas mentes e corações dos que nos cercam. O segredo, portanto, é sempre se perguntar: de que maneira posso ajudar? De que forma posso apoiar? Como posso incentivar o crescimento, o progresso e o bem-estar do próximo, da equipe? Que tal mudar alguns velhos paradigmas e repensar o nosso próprio marketing pessoal? É necessário envolvimento completo do profissional. Envolve atitudes no contexto da conscientização e disciplina. Quando bem praticado, passa a ser uma ferramenta extremamente eficaz para o alcance do sucesso social e profissional. E o melhor é que, além de beneficiar quem o pratica, ele também proporciona bem-estar para os que estão ao redor.

> ### *Você sabia?*
>
> Marketing pessoal é a arte de vender um produto chamado "Eu". Com ele, você é capaz de posicionar-se no mercado e mostrar suas habilidades, a fim de criar uma percepção positiva nas pessoas a seu respeito. "É uma maneira de se divulgar para promover as próprias competências pessoais e técnicas profissionais junto ao mercado", explica o consultor e palestrante Ari Lima.

A etiqueta[10] pode orientar o profissional nas formas de como proceder diante de situações do dia a dia, na conversação, à mesa, em nossa aparência e postura física, nas mais diversas situações, sejam em relações sociais ou profissionais.

---

10 Etiqueta: conjunto de normas de conduta prescritas por profissionais ou por convenção social. SARCONI. Grande Dicionário da Língua Portuguesa.

Etiqueta

À medida em que a sociedade evolui, seus hábitos e costumes se modificam e, assim, as regras de etiqueta. No dia a dia, nas ruas, no trabalho, nos relacionamentos afetivos, nas festas, nos lugares públicos, ao telefone, em todas as situações de trabalho, torna-se cada vez mais necessário respeitar as diferenças, o espaço alheio, para que cada um conquiste um espaço próprio e sua individualidade.

Matarazzo (2009) afirma que "a etiqueta, ao contrário do que se imagina, não é um conjunto de normas rígidas e sem sentido. Ela facilita a vida e não falha, quando está baseada em três princípios: bom senso, naturalidade e afetividade".

- **Bom senso** – todos têm e ele dificilmente nos falha. Devemos aprender a confiar mais em nosso bom senso;
- **Naturalidade** – se a situação for muito nova ou desconhecida, se algo lhe parecer fora de contexto, não hesite em perguntar, tirar sua dúvida mesmo. Em geral, as pessoas têm um enorme prazer em ajudar e ninguém é obrigado a conhecer tudo sobre todas as coisas o tempo todo;
- **Afetividade** – é preciso incorporar a atenção ao bem estar das outras pessoas. Desta forma não há como errar. No sentido de perceber se a outra pessoa está confortável, sendo bem atendida ou recebendo atenção. Esse tipo de gentileza em um mundo onde a pressa e a eficiência dominam a cena pode ser preciosa e muito notada.

A etiqueta facilita a dinâmica de interação com as pessoas. Sempre é bom estar atento a ela. Tendo como referencial suas regras, trabalharemos melhor nossa imagem diante das pessoas, tanto no contexto pessoal como profissional. Seguem algumas sugestões abaixo, que podemos adaptar ao recepcionista:

> **Você sabia?**
>
> "Desde a era dos faraós egípcios até o Império Romano, os poderosos exigiam regras de tratamento que os diferenciassem dos escravos e dos pobres. Assim teria surgido o conceito da 'etiqueta', um costume que ganhou força na corte francesa de Luís XIV.
>
> O termo teria aparecido nessa época, quando era comum "etiquetar" (identificar) os visitantes de acordo com o sobrenome e o título de nobreza. Há também os que defendem que "étiquette", em francês, vem de "ethos" ("ética", em grego) - um sinônimo de respeito e reflexão sobre os pequenos atos cotidianos. Mas foi só no século 15, durante a Renascença, que as regras foram colocadas em prática para separar os nobres "legítimos" dos recém-enriquecidos burgueses."
>
> Fonte: http://mundoestranho.abril.com.br

Etiqueta do dia a dia

Às vezes, pequeninas atitudes no dia a dia é que fazem a diferença. Simplesmente acordamos e o "piloto automático" começa a funcionar. Agimos em nosso cotidiano sem perceber como falamos e como agimos. São atitudes tão corriqueiras que passam a ser comuns e usuais para nós mesmos, porém podem passar uma péssima impressão e, às vezes, até dificultar nas relações interpessoais.

Atrasos

No Brasil, é comum as pessoas não serem pontuais. Já na Inglaterra os atrasos são considerados um péssimo comportamento, não se tendo tolerância para isso.

Os atrasos são falta de consideração e de educação para com as pessoas que nos esperam, exceto quando aconteça um grande transtorno causado por coisas que nos fogem ao controle (uma grande tromba d'água, um enorme congestionamento etc). Nós, moradores de grandes cidades, devemos incluir o trânsito, a distância, os consertos em ruas e todos esses incômodos para chegarmos a um determinado lugar. Caso haja algum contratempo, procure se comunicar com a pessoa justificando seu atraso.

Para o profissional, é inaceitável. Procure chegar ao local de trabalho sempre na hora estabelecida pela empresa contratante. Não perca tempo! Lembre-se que o papel do recepcionista é recepcionar, precisa estar no local de trabalho antes dos participantes do evento.

Aparelhos eletrônicos (celulares, fax, blackberrys, smartphones e rádios):

Nos dias atuais, cresce o avanço da qualidade da tecnologia das comunicações. Os aparelhos celulares têm se tornado verdadeiros minicomputadores. Como a tecnologia das comunicações nos ajuda na interação e socialização?

Goleman (2006) aborda a desconexão arrepiante que acontece. A cada dia que passa, temos de gritar para as pessoas ouvirem. Não é que estejam surdos. Ocorre que seus ouvidos estão tampados por pequeninos fones de ouvidos dos ipods ou telefones celulares. A conectividade digital é outro fator que nos desperta atenção. Com a atenção em demasia voltada à interatividade digital, tem se perdido a qualidade na interatividade presencial.

No caso do telefone ou aparelho celular:

Evite usá-lo de maneira indiscriminada para evitar incômodos. Fique atento aos momentos em que é realmente necessário deixá-lo ligado. A dica geral para o uso do celular é uma: evite incomodar! E isso se aplica em qualquer lugar que exija silêncio ou concentração, como em bibliotecas, teatros, salas-de-aula etc. Quando necessitar atender uma ligação e você estiver em local público ou com muita gente ao redor, procure um canto mais tranquilo para atender e conversar com calma. Lembre-se de que você está em público; provavelmente, muitas pessoas podem ouvir suas conversas. Seja cauteloso ao discutir sobre assuntos pessoais ao telefone. Procure, também, não gesticular. Fale com voz clara e natural, pronunciando bem as palavras. Não masque chicletes ou coma enquanto fala e procure falar de forma mais compreensível.

É de boa atitude dar preferência para ligar nos horários entre 10 horas da manhã e 10 da noite. Evite o horário das refeições e, em caso de ligação internacional, verificar os fusos horários. Não se deixa um telefonema sem resposta. Cabe a quem ligou identificar-se primeiro e a iniciativa de se despedir e de desligar. Se você atender ao telefone quando estiver com pressa ou saindo, explique logo a situação a quem chamou. No Brasil, costuma-se respeitar se a pessoa está com pressa. Desculpe-se e proponha a ligar outra hora.

Hoje, todas as pessoas possuem um aparelho de telefonia celular. Evite usar o telefone da casa das outras pessoas. Se você estiver visitando alguém que recebe um telefonema e resolve estender a conversa não fique ouvindo a conversa do seu anfitrião. Se você está conversando com alguém e recebe uma ligação, peça licença à pessoa para atender. Se alguém liga para fazer-lhe um convite, não estenda a conversa. Engano é chateação, mas isso não significa que você tenha que se irritar com quem ligou. As expressões carinhosas e íntimas, ao contrário do que se possa pensar, soam antipáticas e de extremo mau gosto.

Um bom profissional recepcionista de eventos não usa celular, para tratar de assuntos pessoais no horário de trabalho. O ideal é guardar, colocar em modo silencioso para que registre as chamadas e mensagens e, posteriormente, possa retornar as solicitações. Existem locais em que a organização do evento disponibiliza um celular, longe do alcance dos sinais de rádioscomunicadores, para facilitar uma comunicação eficaz entre profissional e coordenação, proporcionando uma boa qualidade nos trabalhos de logística do evento.

No uso de rádioscomunicadores, seja o mais discreto possível, fale de forma compreensível, tendo o cuidado de pronunciar bem as palavras, em tom de voz baixo, caso necessite falar dentro de salas e auditórios.

Espaço virtual

Matarazzo (2011) chama a atenção sobre nossas condutas na plataforma de redes sociais. Estamos condicionados à exposição de nossa imagem para um número muito maior de pessoas do que imaginamos.

No caso do facebook, a autora enfatiza que essa ferramenta "pode ser um sonho ou pesadelo". Sonho de ser uma maneira fácil de manter contato; uma maneira de encontrar amigos, como também fazer amigos; se for mal usado, tranforma-se em pesadelo, reflentindo uma imagem negativa na vida social e profissional. Por isso, cuidado com seus comentários e postagens! Sugerem as mesmas regras de etiqueta que se aplicam a todas as comunicações on-line: cortesia e boas maneiras, tratando todas as pessoas como você gostaria de ser tratado.

Para o profissional recepcionista de eventos, estar atento para esses detalhes é importante. Hoje, muitas empresas utilizam o facebook como

ferramenta de verificação da imagem do profissional a ser contratado. Portanto:
- Não escreva algo que você não diria pessoalmente;
- Não compartilhe em sua página ou em seu status nada que nem todos em sua lista possam saber;
- Faça somente comentários positivos;
- Compartilhe momentos agradáveis, tantos sociais, como profissionais e que causem uma boa impressão.

O *Linkedin* é uma ferramenta de networking social que pode ser muito bem utilizada para se conectar com colegas para trocar perfis de profissionais e empresas. É uma ferramenta que pode ser útil para o recepcionista de eventos, já que ele precisa manter sempre sua rede de contatos, em se tratando de um profissional que, habitualmente, trabalha como prestador de serviços. Porém, muito cuidado com seu uso. Destacamos algumas recomendações de Matarazzo (2011):

- Não peça recomendação a quem você não conhece pessoalmente ou com quem nunca trabalhou;
- Não responder ou simplesmente recusar um pedido de uma pessoa que lhe recomendou é grosseria;
- Não envie convites a estranhos sem um texto ou uma boa razão para se conectar;
- Não envie convites a amigos sem um texto personalizado.
- Ao enviar uma mensagem, não tente vender produtos (carros, apartamentos, equipamentos);
- Não se adicione a um grupo de discussão simplesmente porque está conectado;
- Não deixe de responder a um contato;

- Utilizar como uma ferramenta de *networking*, somente para troca de informações e com algo que proporcione benefício mútuo. Só começar a fazer pedidos quando os relacionamentos estão bem estabelecidos.

Automóvel

Faz parte do dia a dia situações de deslocamento, seja qual for o tipo de transporte, coletivo ou individual, particular ou público. Situações em que devemos estar atentos durante o deslocamento de um lugar para o outro.

Nos veículos particulares, mesmo sendo de sua propriedade, não custa usarmos de gentileza e hospitalidade para as pessoas durante o trajeto, assim como suas atitudes no trânsito devem ser bem pensadas para não prejudicar sua imagem:

- Jamais ligue o rádio do carro, ou abra as janelas, sem antes consultar os demais;
- Jamais acenda um cigarro sem pedir licença aos demais acompanhantes, ainda que você esteja em seu próprio carro – ou melhor, não se fuma dentro de veículos para não impregná-lo com o odor e não submeter o carro a danos de queimaduras nos bancos com as brasas do cigarro;
- Não eleve a voz para tentar superar o barulho do trânsito nem fique comentando a maneira que os outros motoristas dirigem: é feio, cansativo e irritante;
- A buzina foi criada com a finalidade de alertar outros motoristas para alguma situação mais grave, que requeira mais atenção ou em emergências. Buzinar não faz o trânsito fluir mais rápido; pelo contrário, agrava ainda mais a irritação provocada por um congestionamento ou algum problema no trânsito. Lembre-se disso antes de buzinar;

- Antes de falar mal de uma pessoa no trânsito, pense que o outro motorista pode ser seu conhecido, pense em seus filhos no banco traseiro do automóvel (e de quantas vezes você já disse a eles que palavrão é falta de educação) e pense na impressão que você vai causar a quem assiste a tudo isso;
- Ao deixar algúem em sua residência, deve aguardar que a pessoa entre. É uma demonstração de cuidado com a segurança dela.

Quando o motorista do carro é um homem, acompanhado de um casal, quem vai à frente é a mulher. Quando o dono do carro está acompanhado de duas mulheres e um homem, o homem vai à frente. Notem que não se disse um casal; para o caso de dois casais, fica à critério do grau de intimidade entre os quatro e da vontade dos casais de andarem, ainda que temporariamente, separados. Quando o motorista está na companhia de amigos não existe precedência, salvo se entre os amigos há uma pessoa idosa: o idoso vai à frente. Entre parentes amigos, a precedência pertence aos amigos. Quando todos no carro são parentes, o lugar ao lado do motorista pertence ao mais velho. Quando o dono do carro é uma mulher, acompanhada de um casal, a mulher do casal vai à frente. Independente de sexo, abre-se e fecha-se portas para senhoras e para convidados.

Já as pessoas que pegam carona devem se comportar, não mexendo no som do veículo, ajustando os bancos ou abaixando os vidros, a não ser que o motorista o deixe à vontade para tais procedimentos.

Já nos coletivos, devemos dar prioridade às pessoas mais velhas, deficientes físicos, mulheres grávidas ou acompanhadas de crianças; facilitar a saída das pessoas; obeceder as filas; não ouvir som alto, ou seja, ter atitude de um bom cidadão, já que se trata de um local comum para todos. Se cada um fizer sua parte, pensando em todos, as coisas ficarão mais fáceis.

Faz parte do trabalho do profissional recepcionista de eventos acompanhar pessoas durante traslados:

- Uma boa postura é ideal ao entrar, sentar e sair do veículo: ao entrar no veículo, primeiro se deve sentar de lado. Em seguida, deve-se fazer uma leve rotação com o tronco, conduzindo as pernas para dentro do veículo;
- Utilize sempre o banco da frente, ao lado do motorista quando estiver acompanhando um convidado palestrante do evento;
- Quando o carro parar, saia de sua posição, dirija-se à porta onde se encontra a pessoa e abra a porta. Se for o caso de pessoas idosas ou com dificuldades de locomoção, ofereça-lhes o braço para apoio;
- Nas situações protocolares, em veículos oficiais, as autoridades sentam-se no banco traseiro, sendo a maior autoridade no lado direito e a segunda maior no lado esquerdo;
- Quando o transporte ocorrer em ônibus, os primeiros assentos do lado direito serão ocupados pelas autoridades (à janela) e pela segunda autoridade ao seu lado.
- As autoridades entram no veículo pela porta direita do veículo e, se estiverem acompanhadas por suas esposas, estas também entrarão pela mesma porta, porém antes da autoridade.

Sempre é bom assegurar que as autoridades ocupem assentos de acordo com as regras protocolares, caso contrário corre-se o risco de comprometer a própria segurança e, ao chegar ao local, pode-se confundir a ação das pessoas que abrem a porta do veículo. Portanto, muito cuidado: quanto mais alto o cargo da autoridade, maior será a atenção e o cuidado para não errar e evitar constrangimentos.

Elevadores, escadas, entradas e saídas

O elevador é um lugar de pouco espaço, que aproxima demais pessoas desconhecidas. Às vezes, causa incômodo, talvez porque se sintam diante de uma situação vulnerável. Para melhorar essa situação, atente para as seguintes atitudes:

- Quando entramos num elevador, cabe a nós cumprimentar a quem já esteja dentro dele. Evite conversar dentro de elevadores, exceto se você estiver só com seu acompanhante. Nos elevadores é proibido fumar. Da mesma forma, não é permitido portar cigarro aceso.

- A etiqueta social diz que o homem sempre segura a porta para que entre a mulher; qualquer pessoa sempre segura a porta para que entre a pessoa mais idosa. Quando duas pessoas descem no mesmo andar, o homem ou a pessoa mais jovem abre a porta e segura para que a mulher, ou o mais idoso, possa descer. No elevador comercial, o homem entra depois da mulher e dá passagem para que ela saia primeiro, desde que isso não signifique transtorno para muitas pessoas; quando o elevador estiver muito cheio e essa delicadeza for transtornar a saída de todos, o homem pede licença e sai à frente.

As escadas são locais perigosos e onde as pessoas estão vulneráveis a acidentes.

No dia a dia, deve-se subir ou descer sempre pela direita, deixando o outro lado livre pra quem vem no sentido contrário. Em escada rolante, deixar a esquerda livre para quem está com pressa. Em caso de encontro na escada, o homem, ou pessoa mais jovem, afasta-se para o lado ou para, deixando que a mulher ou a pessoa mais idosa passe. Quem sobe uma escada deve dar a vez, em caso de encontro, a quem está descendo.

O jeito correto é parar, afastar-se da área próxima do corrimão, e dar vez para quem desce. Evite ultrapassar pessoas subindo ou descendo escadas. A pressa muitas vezes pode causar acidentes indesejáveis.

Ao entrar, seja em qual for o lugar, a regra de circulação diz que devemos ceder lugar a quem estiver saindo. Caso essa norma fosse observada com o devido rigor, a vida dos que utilizam o metrô como meio de transporte seguramente seria mais fácil e teria menos atropelos, principalmente em horário de rush. Lembre-se de que essa norma se aplica ao metrô, ao ônibus, a um hotel, a um restaurante, à porta de entrada de um edifício, ao supermercado e a todo local com entrada e saída próximas – ou por uma mesma porta de circulação.

Caso o recepcionista de eventos esteja acompanhando ou direcionando as pessoas a determinado local, deve sempre segurar a porta para qualquer pessoa e dar a passagem no elevador e ao entrar em um lugar ceder lugar a quem estiver saindo. Também nas escadas, sempre se deve dar a passagem para os convidados e participantes do evento. Trata-se de uma situação de cortesia do profissional.

Apresentações e cumprimentos

Apresentações

A apresentação é fator relevante para a socialização entre pessoas, é um ato simples presente em nosso dia a dia. Quando se inicia com os contatos sociais e profissionais, envolve questões de etiqueta e, até mesmo, de maneira sucinta, questões protocolares. Mais do que dizer nomes, é necessário dar dicas que facilitam a conversação entre os recém-apresentados. Deve-se colaborar para um início de uma conversa, algo que seja comum e de interesse para as duas pessoas. Assim, tanto as pessoas como você ficarão mais à vontade.

Os eventos são ocasiões propícias para a ampliação dos relacionamentos sociais e profissionais. Caso haja necessidade de o profissional fazer apresentações, a regra geral é:

- Os mais jovens são apresentados aos mais velhos;
- O homem é apresentado à mulher;
- O casal é apresentado à pessoa desacompanhada;
- O menos importante na hierarquia da empresa é apresentado ao mais importante;
- As pessoas devem ser apresentadas usando o nome e sobrenome, exceto em situações informais, em que se usa somente o primeiro nome;
- Mencionar primeiro o nome, cargo/função, acrescentando a forma de tratamento nas situações protocolares. Ex.: Este é o Sr. Carlos Damasceno, diretor financeiro;
- Não se esqueça de usar a expressão "permita-me". Ex.: Permita-me apresentar "fulano de tal", membro do Conselho Diretivo da Empresa;

- Não use expressões como "Sr. Carlos Damasceno, ex-diretor financeiro...". Procure descobrir o período em que ele ocupou o cargo/função. Ex.: Sr. Carlos Damasceno, diretor financeiro no período entre abril de 2011 e junho 2012.

Cabe ao profissional recepcionista de eventos ter a iniciativa de se apresentar no local de trabalho, no auxílio a autoridades, palestrantes e convidados especiais. Ao fazer, não se esqueça das regras básicas:

- Dar "bom dia", "boa tarde", "boa noite"...
- Dar boas-vindas;
- Falar o próprio nome e se identificar como recepcionista e membro da organização, disponibilizando-se para auxílio ou ajuda para qualquer eventualidade naquele local em que se encontra trabalhando.

Cumprimentos

> *Você sabia?*
>
> O aperto de mão é um grande revelador de caráter. Por exemplo: um aperto de mão com excesso de vigor vai transmitir ao outro rudeza e um aperto de mão com total falta de vigor vai transmitir aos outros falta de segurança pessoal etc. Pense nisso e preste atenção aos sentimentos que esses tipos de cumprimentos nos despertam.

Cumprimentar significa saudar com um gesto polido, dando boas-vindas; dirigir ou fazer cumprimentos a alguém. O aperto de mão ideal é aquele com energia, ou seja, não com força, mas que apresenta firmeza intermediária. Deve-se manter uma distância de meio metro da outra pessoa, na altura da cintura, sem sacudir a mão ou dar tapinhas nas costas. Evite estender a mão timidamente, deixando-a mole, puxar a mão rapidamente, estender "meia-mão", somente os dedos, ficar segurando a mão de outra pessoa durante o cumprimento e cumprimentar alguém com as mãos sujas, suadas ou molhadas.

O modo de cumprimentar varia de acordo com costumes de diversas culturas. Muitas vezes, não atentamos para os detalhes, que são sutis, porém importantes para fazer a diferença.

A etiqueta social indica que a mulher é quem tem a iniciativa de apertar a mão do cavalheiro em um encontro. No contexto hierárquico, a pessoa mais importante é que deve estender a mão, ou seja, o apresentado (pessoa menos importante) deve aguardar – se não ocorrer o aperto de mão, deve inclinar ligeiramente a cabeça na direção da pessoa de maior importância.

Se estiverem sentados, os homens levantam-se para cumprimentar com o aperto de mão todas as pessoas, menos os de idade avançada e com possíveis restrições físicas. Já as mulheres, só se levantam para cumprimentar pessoas mais velhas, porém essa regra é dispensável se apresentarem restrições físicas.

No caso do recepcionista de eventos no desempenho de suas funções, prevalece a regra de cumprimentar dando boas-vindas, inclinando a cabeça na direção da autoridade/convidado. Caso a autoridade se manifeste com outro gesto de cumprimento, um aperto de mão, por exemplo, deverá corresponder ao cumprimento. Deve-se, sempre, levantar para receber e cumprimentar as pessoas.

Etiqueta na conversação

Todos os dias, assistimos a situações corriqueiras próprias do cotidiano, que terminam em situações de conflitos e até mesmo de violência decorrente da falha de diálogo entre as pessoas. A qualidade da conversa, do diálogo, é uma questão que ganha destaque e importância no aspecto da qualidade de vida. Como acontece a comunicação? Por que muitas vezes não somos bem interpretados?

No mundo moderno, a palavra "comunicação" tornou-se lugar-comum e transformou-se em força de extraordinária vitalidade na observação das relações humanas e no comportamento individual. Foi provado que a comunicação é um processo social e, sem ela, a sociedade não existiria. Comunicar implica na busca do entendimento e da compreensão, é uma ligação, transmissão de sentimentos e de ideias. Para o sucesso da comunicação, não é suficiente que as pessoas somente se falem, se escutem ou mesmo se compreendam. É preciso muito mais. É necessário que consigam se encontrar e reencontrar. Qualquer bloqueio, filtragem ou ruído de comunicação que possa vir a acontecer pode perturbar a pecepção que você pode ter de si próprio e dos outros e, em consequência, suas atitudes e seus comportamentos tornam-se falsos e provocam uma imagem negativa. Devemos alinhar nossa comunicação à etiqueta, ou seja, ter respeito e atenção a tudo que nos diz respeito e ao outro, depositando sensibilidade e responsabilidade em cada palavra, gesto ou postura, já que sabemos que a comunicação não se faz somente por meio das palavras.

Vivenciar essa época de comunicação é fundamental para nosso sucesso, tanto para o lado social como profissional. Por isso, devemos ter cuidados com alguns hábitos na hora em que estamos nos comunicando.

Não fale em voz alta, nem mesmo sussurrando. Busque um tom de voz condizente para o ambiente e o número de pessoas que esteja falando; nem grite demais, pois isso agride os ouvidos do seu interlocutor, transmitindo nervosismo e desequilíbrio. Tenha uma voz clara e natural, isso é um sinal de uma personalidade ajustada.

A linguagem corporal pode não ser percebida por você, mas é muito evidenciada para os outros. Evite gesticular em excesso, bem como ficar estático. Segurar as pessoas pelo braço, dar uma batidinha de cinco em cinco minutos nas costas ou catucar quanto esteja conversando com alguém é muito desagradável. Também não aponte para as pessoas, caso esteja trabalhando em um evento ou local público e seja solicitado para identificar uma pessoa. Apenas faça um gesto discreto na direção da pessoa e descreva características de localização ou físicas, a fim de que a pessoa possa ser identificada.

Seja natural na hora de falar, sem utilizar citações ou palavras difíceis – caso contrário, poderá não haver comunicação, e sim um monólogo. Deixe os outros falarem. Aquele que "sabe tudo", que aparenta ser "o dono da verdade", impõe suas opiniões e não valoriza as dos outros prejudica as conversas e causa má impressão de si próprio. Jamais corrija erros de palavras ou gramática que você perceba em uma conversa e, quando você cometer erros, não se pode fazer mais nada. É melhor não insistir demais nas desculpas. Uma sugestão é mudar de assunto e tentar esquecer o que passou. Evite também as gírias e as palavras de baixo calão. Sempre que for interrompido, peça licença a quem está ouvindo, dê atenção a quem requisitou, depois retorne ao assunto fazendo um pequeno resumo do que havia dito. Se a pessoa que interrompeu deseja integrar-se ao grupo, conte a ela o que falava, para que possa acompanhar as conversações.

Mantenha uma conversa sempre atraente, atualizada, em que você nunca (ou quase nunca) é o "herói" de suas próprias histórias, mantendo-se bem informado sobre o que acontece à sua volta e em relação às grandes mudanças que estão ocorrendo, através da leitura de jornais e revistas e de autores mais vendidos no momento. Controle sua curiosidade e sua indiscrição – gente indiscreta que se põe a discorrer sobre assuntos íntimos seus, ou de ausentes, passa a seu ouvinte um sensação de pouca confiabilidade. Gente incontroladamente curiosa acaba por irritar quem as ouve, ou melhor, quem responde aos interrogatórios. Evite a malidicência; falar mal dos outros tornou-se habitual para as pessoas e assuntos polêmicos, como política e religião. Nesses casos, as discussões ou discordâncias costumam ser intermináveis, altamente inflamadas e acabam por não levar ninguém a lugar algum. A comunicação pelo silêncio vale para situações de gafes ou aquelas que possam minimizar situações de constragimento ou desconforto.

Nunca deixe transparecer aos outros suas preocupações, ansiedades, angústias e aflições. A vida está difícil para todo mundo. Quando, socialmente, perguntarem-lhe – "como vai?" não leve a sério essa expressão, desfiando junto a seu interlocutor a enorme lista de apreensões e problemas por quais tem passado. Socialmente, vamos sempre bem! Assuntos como negócios, doenças e intimidades pessoais têm lugar e hora certa para serem debatidos. Evite falar sobre eles quando o ambiente e a situação não a pedirem.

Muitas vezes, saber ouvir torna-se mais produtivo, além de causar muito melhor impressão do que falar. Quando ouvimos, somos simpáticos ao nosso interlocutor e temos a capacidade de captar melhor as informações, aumentando nosso patrimônio cultural. Fique atento:

ATITUDES PARA UMA BOA COMUNICAÇÃO	
DEVEMOS	**NÃO DEVEMOS**
Estar atentos e observar tudo, mantendo contato visual com todos, ouvindo com os cinco sentidos;	Antecipar as respostas quando fazemos uma pergunta;
Acenar sempre com a cabeça, sorrindo e transmitindo real interesse na conversa;	Não dar o devido valor às informações que surgem na conversa;
Demonstrar atenção e interação, postando-se de forma aberta e natural: rosto para frente, cabeça erguida, olhar direcionado e braços soltos (se em pé) ou apoiados (se sentados).	Desviar-se ou distrair-se, não acolhendo e considerando as ideias.

Você sabia?

Espirrar; coçar-se; limpar o nariz e ouvidos; roer as unhas são atitudes que fazemos às vezes sem sentir, mas causa má impressão às outras pessoas que nos observam. Por isso, devem ser evitadas em público.

Etiqueta à mesa

Na Antiguidade, a mesa de refeições era ponto de encontro que devia ser prazeroso, onde pessoas exerciam o prazer de comer, de falar, e de bem se relacionar. Ao passar dos tempos, algumas normas foram introduzidas no hábito de comer, onde a ética e a etiqueta social passaram a indicar o caminho da educação e da postura à mesa. Hoje, as condutas e posturas à mesa são muito valorizadas e muitas vezes ficamos nos perguntando: Como se postar a mesa? Qual a sequência certa para a utilização dos talheres? O que fazer com situações novas que não fazem parte de nosso cotidiano nas refeições?

A mesa das refeições, nos tempos modernos, é local preferido pelos executivos para tratativas comerciais ou comemorações de negócios e ainda para dar início a relacionamentos comerciais. O exercício do poder e a pressa das ações do mundo atual fazem com que, durante as refeições, importantes tratativas comerciais e de relacionamento levem a um mesmo ponto diversos interesses.

Momentos gastronômicos fazem parte da programação dos eventos, podendo ser de um simples *cocktail*[11] a um jantar. Em seu trabalho, o profissional recepcionista poderá, em determinadas ocasiões, ter que participar de recepções, jantares, almoços e festas, onde comer e saber comer em público poderão comprometer sua imagem. A pessoa que não conhece os detalhes e as normas de etiqueta à mesa precisa estar atenta para vários fatores. A princípio, destacaremos três fatores:

---

11 *Cocktail:* termo português que quer dizer rabo de galo. Tem sua origem ligada às brigas de galo – rinhas – que eram comuns na região no Mississipi, Estados Unidos. (Pachedo, 2008 p. 96).

- **A pontualidade**: é um aspecto fundamental, pois revela profissionalismo e educação;
- **A postura**: ao postar-se como comensal, não deixe os cotovelos apoiados sobre a mesa, eles ficam próximo ao corpo. Evite espalhar-se na mesa, apenas os punhos e as mãos podem apoiar-se sobre a mesa enquanto a pessoa come;
- **Comunicação na mesa**: é muito desagradável para as pessoas quando alguém fala com a boca cheia, cospe ou faz barulho enquanto come. Também nunca faça os seguintes comentários: "ainda não comi tal tipo de alimento", "estou satisfeita", "já comi demais", "estou cheia", "não aguento mais", "chega de comer, estou de regime". Não fale de assuntos desagradáveis, tais como doenças ou fatos que devem ser esquecidos. Proporcione uma conversa alegre e agradável.
- **Palitar os dentes**: nunca se deve utilizar palitos, mesmo que tenha paliteiros à mesa ou embalados individualmente ao lado do guardanapo; é deselegante. Peça liçença, procure o local indicado, que certamente é o *toillete*[12] (banheiro), para lá fazer o uso do palito. Os restaurantes mais sofisticados mantêm fios dentais e palitos nos banheiros para melhor conforto do cliente. É o caso de eventos sofisticados, quando a organização também supre os banheiros com material de higiene para os convidados.

---

12 *Toillete*: Termo usado para definir casa de banho ou banheiro. Tem outros sentidos tais como: Eau de toilette, que significa água de banho. É um termo de origem francesa. *Eau de toilette* é um tipo de perfume com uma concentração mais suave; contém apenas 5% a 15% de essência do perfume, portanto sua duração na pele acaba sendo menor, geralmente em torno de 8 horas. Esse tipo de perfume é geralmente mais delicado. (www.significados.com.br/)

> **Você sabia?**
>
> A falta do cinzeiro na mesa é indício de que no ambiente não é permitido fumar. Nunca peça cinzeiro ou coloque cinzas de cigarro em copos, pratos, xícaras etc.

Guardanapo

O guardanapo é usado aberto, ou dobrado, em dois, sobre as pernas. Serve para enxugar delicadamente os lábios, antes e depois que levamos o copo à boca. Terminada a refeição, coloca-se o guardanapo dobrado frouxamente ao lado do prato. Por mais moderno e prático que nos possa parecer um guardanapo de papel, ele é admitido somente à hora dos drinks, em churrasco e piquenique, e outras atividades igualmente descontraídas e informais. O guardanapo de papel não vai ao nosso colo nunca. Não se amassa o guardanapo de papel como uma bolinha depois de usado. Nunca esfregue seus lábios com o guardanapo, nem faça outro tipo de uso. Caso ele caia no chão durante uma refeição, evite abaixar para apanhá-lo – espere que a pessoa encarregada do serviço note o incidente e o substitua. Utilize o guardanapo para eliminar a gordura dos lábios antes de beber; certifique-se que não está com a boca engordurada para não marcar o copo.

Talheres

Durante as refeições, haverá um talher para cada tipo de comida, de acordo com o cardápio estabelecido. A sequência utilizada para os talheres é sempre de fora para dentro.

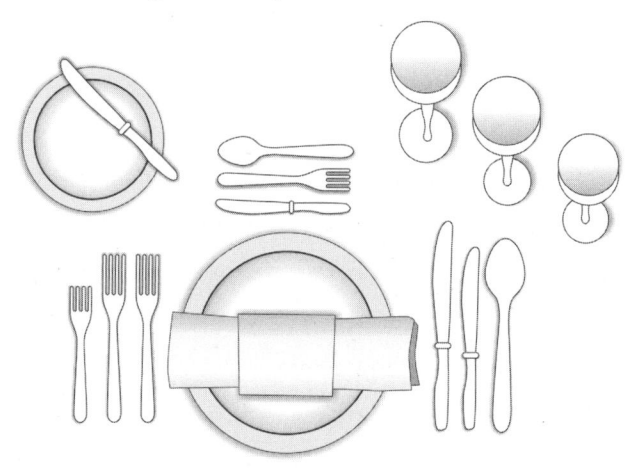

Figura 8: Posição dos talheres à mesa.

Durante a refeição a posição de deixar os talheres é o garfo na vertical e a faca na diagonal. Ao término da refeição, os talheres (garfo e faca, ou o talher em uso) são colocados sobre o prato, juntos e paralelos, no sentido vertical: cabos para baixo e extremidades para cima conforme a figura abaixo.

Figura 9: Posição dos talheres à mesa durante e após a refeição, respectivamente.

Treinar bastante e diariamente o manuseio dos garfos, facas e colheres, identificando as ocasiões e em que tipos de iguaria devem ser usados é o ideal para quem deseja trabalhar com eventos:

- **Colher**: segura-se o cabo entre o polegar e o indicador. A maneira de se sorver um líquido com a colher pelo lado.
- **Faca:** segura-se a faca com a mão direita não muito junto à lâmina, com o indicador apontando para superfície. Ao usar a faca e o garfo ao mesmo tempo, o garfo fica na mão esquerda. Não se parte de cada vez mais do que um pedaço que vai ser levado à boca. É permitido servir-se da faca para ajudar a colocar os alimentos no garfo, sem nunca, porém, darmos a impressão de que a faca é uma pá que empurra a comida ao garfo. Esse gesto deve ser feito com muita elegância e delicadeza. Caso não consiga, seu uso é desaconselhado. Não se usa jamais a faca para cortar a salada, nem os ovos, nem espaguete, talharim, nem batatas e legumes cozidos em geral, nem bolos e tortas. Tudo que puder ser partido com o garfo assim deve ser.
- **Garfo:** segura-se o cabo do garfo entre o polegar e o indicador. Ao servir-se de carne, ele é usado voltado para baixo, com o dedo indicador apoiado sobre a parte de trás e os outros dedos fechados em torno do cabo para se obter mais firmeza. Para se cortar algum alimento, usa-se o garfo na mão esquerda. Tão logo se tenha cortado o alimento, passa-se o garfo para a mão direita e, com ela, nos servimos e comemos. Não se descansa o garfo sobre a toalha, nem com as pontas apoiadas sobre o prato – coloca-se o garfo sobre a borda do prato, enquanto interrompemos nossa refeição para comer, conversar, ou mesmo ouvir.

- *Hashis* ou "pauzinhos": A cada dia a comida oriental é uma opção para as refeições no Ocidente. Aprender a manusear os hashis faz parte da boa educação e de uma boa aquisição da cultura geral.

> ### Você sabia?
>
> As massas e macarrões, do tipo talharim e espaguete, não são cortados com faca. Enrolando no garfo a massa e apoiando na colher terá melhor facilidade de comer.
>
> Nunca se utiliza a colher ou a faca para comer, sempre se utiliza o garfo, a não ser nos casos em que as sobremesas são comidas de colher.

A lavanda

Muito utilizada em refeições formais, acompanha pratos em que se usam as mãos e serve para lavar a ponta dos dedos; pode estar decorada com rodelas de limão ou pétalas de flores. Vem acompanhada de guardanapo de material especial, mais encorpado, de boa absorção, após o uso do guardanapo, deixe-o do lado esquerdo.

Arrumação da mesa (*Mise en place*)

Nos ambientes de restaurantes e bares, existe uma arrumação de mesas que, muitas vezes, deixam-nos diante de situações difíceis. Também chamada de *mise en place*, tem várias finalidades. Entre elas, facilitar o serviço, estimular o cliente para a refeição e criar um ambiente agradável. A *mise en place* depende do cardápio que será servido. Nos ambientes de restaurantes com o sistema de pedido *à la carte*[13], como não se pode prever a escolha do cliente, usa-se a *mise en place* básica. Nos banquetes, o método utilizado é igual ao da arrumação de mesas para serviços à la carte, baseado no cardápio preestabelecido. Verifica-se a quantidade de copos e talheres, que são dispostos na mesa de acordo com a sequência dos pratos.

Figura 10: Mise en place básica

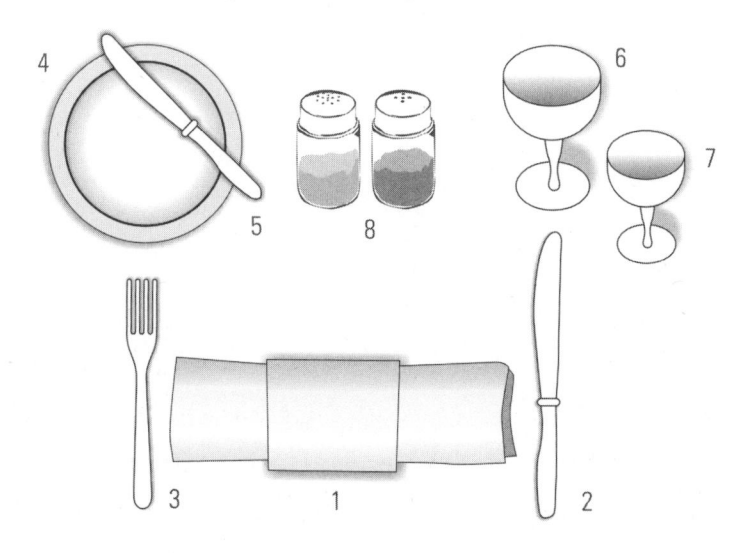

1. Guardanapo
2. Faca de carne
3. Garfo de carne
4. Prato de pão
5. Faca para manteiga
6. Taça para água
7. Taça para vinho
8. Saleiro e pimenteiro

---

13 *À la carte*: é uma expressão da língua francesa cujo significado é (restaurante serve o referido prato apenas) como listado no cardápio.

Figura 11: Mise en place completo (sopa, peixe, carne e sobremesa).

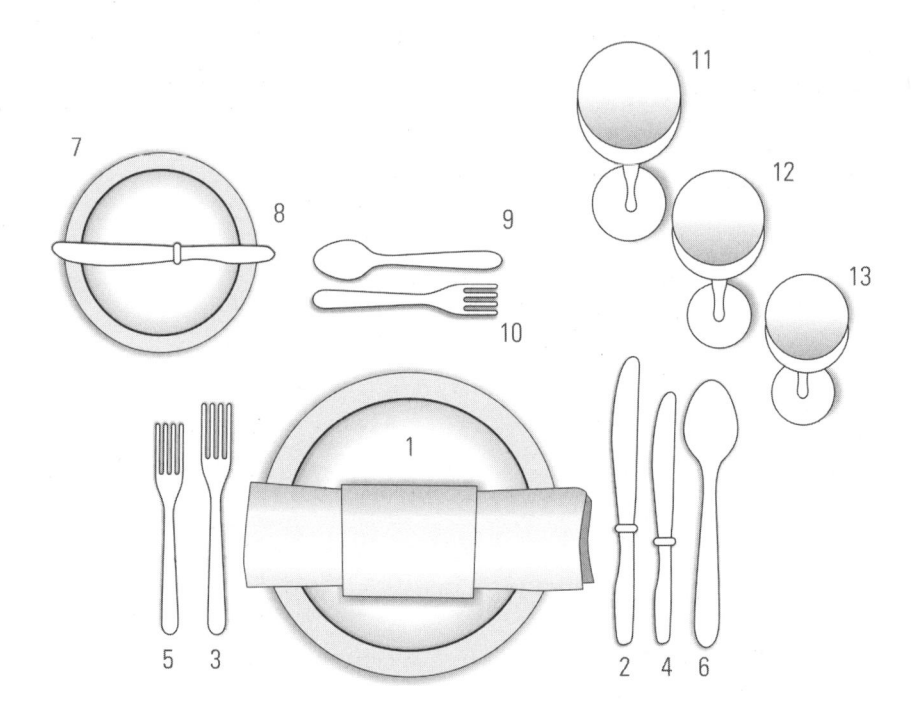

1. Guardanapo
2. Faca de carne
3. Garfo de carne
4. Faca de peixe
5. Garfo de peixe
6. Colher de sopa
7. Prato de pão
8. Faca para manteiga
9. Colher de sobremesa
10. Garfo de sobremesa
11. Taça de água
12. Taça de vinho tinto
13. Taça de vinho branco

> ### Você sabia?
>
> - O pratinho colocado à esquerda do comensal é para o pão;
> - O pãozinho servido antes das refeições (pão do couvert) não deve ser cortado com a faca e sim partido com a mão;
> - O pratinho para sobremesa estará no buffet, nos casos de self-service, ou será trazido à mesa pelo o garçom nos outros tipos de serviços;
> - Na falta de pratos no buffet para as refeições, não se deve usar pratinhos de sobremesa. O correto é solicitar ao maitre ou ao garçom para fazer a reposição;
> - Nos buffets, sirva-se quantas vezes desejar, porém tome o cuidado de não encher muito o prato e, na repetição, utilize pratos limpos. Jamais se sirva novamente no mesmo prato;
> - Evite sobras no prato, porém não o limpe em demasia (passando um pedaço de pão, por exemplo);
> - Não se sirva de "um pouquinho" de salada no pratinho de sobremesa, para provar etc.

Serviços de alimentos e bebidas

Cada estabelecimento pode adotar modalidades de serviço de pratos de acordo com o tipo de proposta que se quer oferecer. Assim acontece com os eventos. De acordo com o formato e/ou tipologia do evento, é planejada e adotada uma modalidade de serviços de alimentos e bebidas para alcance dos objetivos dos eventos. Por exemplo: no caso de um coquetel, adota-se o serviço volante; já em um banquete, geralmente é adotado o serviço à francesa.

Esse conhecimento é necessário para o profissional que atua em eventos sociais, em ambientes onde estão inseridos momentos de alimentação e degustação. Conhecer um pouco sobre os tipos dos serviços, bebidas com suas respectivas origens, temperatura ideal e o copo ideal para sua degustação faz a diferença. Esse profissional poderá atuar nos eventos como apoio da organização e serviços ou como comensal em ambientes em que seja favorecida a refeição do profissional junto com a equipe organizadora e participantes do evento.

Pacheco (2005) enfatiza que existem vários tipos de serviços de pratos para o atendimento aos clientes, sendo os principais: o serviço à francesa (diplomata), serviço à inglesa direto, serviço à inglesa indireto ou ao guéridon[14], serviço de prato pronto, serviço de travessas sobre a mesa, serviço à russa e serviço self-service:

- **Serviço à francesa ou diplomata:** nesse tipo de serviço, o autor enfatiza que é a própria pessoa quem se serve da comida trazida pelo garçom na travessa. Bem adaptado ao espírito independente do povo francês. É um tipo de serviço usado em recepções diplomáticas e em banquetes requintados (eventos formais). No serviço à francesa ou diplomata, o garçom, pelo lado esquerdo, deve se inclinar para apresentar a travessa ao comensal com os talheres de serviço (cabo) o mais próximo possível do prato do cliente, para que este se sirva.

- **Serviço à Inglesa:** teve origem nos costumes ingleses. Exige grande habilidade do profissional garçom. Muito utilizado em restaurantes. Apresenta duas variações: direto e indireto.

    Serviço à Inglesa direto: o garçom apresenta a travessa pelo lado esquerdo do comensal, servindo a comida, prato principal e guarnição, de forma harmoniosa, com o uso do alicate (garfo e colher), diretamente da travessa para o prato.

---

14 *Guéridon:* mesa auxiliar com rodinhas.

Serviço à Inglesa indireto ou ao *guéridon*: iniciando o serviço, o garçom traz as travessas e apresenta ao comensal. Em seguida, coloca-as sobre a mesa auxiliar (*guéridon*) e serve a comida em um prato vazio, que está sobre o mesmo, usando uma colher na mão direita e um garfo na mão esquerda. No serviço de *guéridon*, a travessa principal fica colocada à direita, e as guarnições, à esquerda. No prato, jamais deve ser colocada quantidade excessiva de comida, de modo que sua aparência fique com um aspecto agradável e apetitoso. Após todos os procedimentos, pela direita, serve o prato ao comensal, onde apenas deverão estar o *souplat*, talheres, cristais e guardanapo. O repasse (repetição) é sempre feito utilizando os procedimentos do serviço à inglesa direto.

- **Serviço de prato pronto (empratado):** hoje, uma modalidade muito utilizada nos hotéis e restaurantes, com o serviço *à la carte*. O serviço de prato pronto, comumente chamado de *empratado*, é caracterizado pela montagem e decoração dos pratos na cozinha e apresentados ao cliente, já prontos. A mesa é montada com talheres, copos, guardanapos e *souplat*[15], sem o prato de mesa. O autor enfatiza a existência de dois tipos de serviços: o "simplificado", quando são usados pratos de tamanho normal, redondos ou de outros formatos; e o "sofisticado", quando são usados os de tamanhos maior, cobertos com uma tampa denominada de *cloche*[16]. Nos dois casos, o serviço dos pratos é feito pela direita dos clientes.

---

15 *Souplat:* ("prato de baixo", do francês) é uma espécie de prato maior que o de refeição e mede cerca de 35 cm de diâmetro. Ele serve como base para os pratos, que serão substituídos ao longo do almoço ou jantar.

16 *Cloche:* ("sino", do francês) é um serviço de mesa tampa, às vezes feita de prata, embora comercialmente eles estejam disponíveis como vidro, faiança, mármore ou outros materiais. Eles muitas vezes se assemelham a um sino, daí o nome.

- **Serviço de travessas sobre a mesa:** usado ainda em muitos restaurantes brasileiros das cidades do interior. É um tipo de serviço mais simples e mais antigo. Faz sucesso pela fartura dos pratos, que podem ser divididos por duas ou mais pessoas. São preparadas as travessas de comida na cozinha conforme os pedidos. Depois, transportadas pelo garçom até o salão e colocadas no meio da mesa, para que os clientes possam se servir, com ou sem ajuda do profissional.

- **Serviço à russa:** caracteriza-se pela apresentação das travessas aos clientes ou convidados, contendo peças grandes e inteiras, como carnes, peixes e aves, que são trinchadas na frente do cliente. Tipo de serviço em desuso, por apresentar pouca praticidade. Teve origem com os grandes imperadores russos e foi introduzido na Europa Ocidental pelos diplomatas russos e chefes de cozinha.

- **Serviço self-service:** as próprias pessoas se servem quantas vezes desejarem. São dispostos antes dos alimentos e bebidas, bandeja, talher, copo e guardanapo. Ao terminar a refeição, as pessoas deixam a bandeja sobre a mesa e, posteriormente, a bandeja é retirada por um funcionário. Em muitos estabelecimentos, existe um local próprio para deixar a bandeja; nesse caso, siga as orientações da casa, para não ser deselegante.

Ainda são utilizados nos eventos e hotéis os serviços de garçom ou coquetel volante e o serviço à americana.

- **Serviço de garçom ou coquetel volante:** o garçom serve os convidados com bandeja, iguarias (tradicionais salgadinhos, canapés, folheados) que possam ser comidas com a mão ou minidegustações servidas em pequeninas louças. É o nosso conhecido "coquetel volante", onde o garçom serve aos convidados (com a bandeja) iguarias que possam ser seguradas diretamente com a mão. Canapés, folheados, os tradicionais salgadinhos de festa, finger food em geral e até as minidegustações, se estiverem servidas em louças pequenas. Também usado para bolos e docinhos.

- **Serviço à americana:** uma modalidade de serviço surgida após a grande depressão norte-americana, muito utilizada nos eventos, por apresentar praticidade e rapidez. Tem custo baixo e não exige tanto a presença de profissional garçom. Serviço feito em alimentos já trinchados, utilizando mesa de *buffet*[17], e seguindo uma sequência na arrumação da mesa de pratos, talheres, guardanapos etc.), que possibilitam que o convidado coma em pé. É o que vemos em coquetéis, por exemplo. É um serviço formatado para atender eventos com muitas pessoas.

Zita (2008, p. 314) cita, além dos serviços à francesa, à inglesa e à americana, o serviço franco-americano como muito utilizado nos eventos, como jantar e almoço.

- **Serviço franco-americano:** muito semelhante ao buffet-americano, sendo seu diferencial a presença de mesas e cadeiras para as pessoas. É muito utilizado por ser mais prático e caracteriza-se por uma mesa grande e central, onde são servidas as entradas e os pratos quentes. Em outra mesa, são servidas as sobremesas e, nas

---

17 *Buffet*. Termo de origem francesa. É uma forma de servir comida, que geralmente é exposta em uma ou mais mesas para que o consumidor se sirva sozinho.

mesas destinadas às pesssoas, estão dispostos os pratos, talheres e guardanapos. A bebida é servida pelos garçons.

> ### Você sabia?
>
> O termo "restaurante" surgiu na França no século XVI, de "comida restauradora", e se referia especificamente a uma sopa. O uso moderno da palavra surgiu por volta de 1765, quando um parisiense conhecido por Boulanger (sobrenome comum, mas que significa "padeiro" em francês) abriu seu estabelecimento.
>
> Antes de existirem restaurantes, o único local (excetuando-se as pousadas e tavernas) onde se podia adquirir comida pronta para consumo fora de casa era a cozinha de rua. Ela existe desde a mais remota antiguidade e persiste até os dias de hoje. Em alguns locais, sua estrutura pode ser bem simples, contando apenas com uma bancada onde são colocados os ingredientes e uma fonte de calor para preparar a comida. Em outros, há modernos veículos com iluminação, refrigeração, fogão e balcão (as lanchonetes, que não são verdadeiros restaurantes).

As bebidas, com seus respectivos serviços e taças/copos

Tipos de bebidas

As bebidas não são iguais, dividem-se basicamente em dois grupos: não-alcoólicas, tais como: sucos, refrigerantes, água, chá, café etc; e alcoólicas, que apresentam percentuais (%) de álcool variado, tais como: vodka, conhaque, uísque etc. Podem sofrer processos de fermentação, de destilação, de infusão – estas também chamadas de bebidas compostas. As bebidas alcoólicas podem ser classificadas de várias formas.

Exemplos de bebidas com os processos de:

- Fermentação: cerveja, saquê, vinhos, outros;

- Destilação: aguardentes, outros;
- Infusão/composta: licor, vermouth, outros.

Exitem ainda as bebidas misturadas, chamadas de "cocktails", ou coquetéis, preferidas mundialmente pela grande variedade e qualidade. Pacheco (2008, p.98) explica que podem ser de categorias diferentes. De acordo com a dosagem e a temperatura das bebidas: long drinks, short drinks e hot drinks; de acordo com o método de preparação e os utensílios utilizados: batidos, mexidos e montados. Têm várias finalidades, tais como: estimulantes de apetite, digestivos, refrescantes, nutritivos e estimulantes físicos. Veja o quadro abaixo:

CLASSIFICAÇÃO DOS COCKTAILS		
CATEGORIAS	MODALIDADES	FINALIDADES
Long drinks	Batidos	Estimulantes de apetite
Short drinks	Mexidos	Digestivos
Hot drinks	Montados	Refrescantes
		Nutritivos
		Estimulantes físicos

O autor nos ajuda a entender as categorias dos coquetéis, quando explica que os *long drinks* são servidos em copos grandes denominados de *"long tumbler"*, são refrescantes e geralmente apresentam uma composição de dose de destilado misturado com sucos de frutas, refrigerantes ou água gaseificada e bastante gelo. Já os *short drinks* são bebidas servidas em copos pequenos, considerados os verdadeiros coquetéis, existindo uma grande variedade de receitas. E os *hot drinks* são bebidas servidas quentes, em copos apropriados e são indicados para o clima frio.

Explica ainda que as modalidades de coquetéis sofrem variação de acordo com o método de preparação e utensílios utilizados. São os "batidos": é necessário bater na coqueteleira, chamada de *"shaker"*, porque levam uma composição de bebidas bastante densa, difícil de misturar. Os "mexidos": compostos de bebidas menos densa, ou seja, de mistura mais fácil, utilizando o copo de bar, também chamado de *"mixing-glass"* e a colher bailarina. E por fim, nas modalidades, os "montados": são bebidas preparadas diretamente no copo em que são servidos. Dispensa a utilização dos utensílios coqueteleira ou do copo de bar.

Outra classificação que os coquetéis recebem é quanto à finalidade: são chamados de estimulantes, refrescantes e nutritvos. Os estimulantes de apetite são bebidas que geralmente têm um sabor seco, amargo e ácido – são servidas antes das refeições com finalidade de estimular o apetite. Geralmente são bebidas destiladas misturadas com frutas ácidas. Os digestivos são apropriados após a refeição, são elaborados à base de licores ou aguardentes envelhecidas. Os refrescantes, que são compostos por misturas de bebidas destiladas com suco de frutas, refrigerantes, águas gaseificadas e gelo. São servidas em copos longos. Os nutritivos são bebidas em que seus ingredientes são ricos em calorias, como ovos, vinhos fortificados, leite, açúcar, chocolate, cremes, mel etc. Os estimulantes físicos: são compostos por bebidas destiladas, água quente e condimentos especiais. São apreciados em climas frios, por serem em geral bebidas quentes.

> ### *Você sabia?*
>
> O período de consagração das bebidas misturadas nos Estados Unidos foi de 1920 a 1930, período da era do jazz e da lei seca. Por serem proibidas, as bebidas alcoólicas eram fabricadas e vendidas clandestinamente, sem controle de higiene e qualidade. Para melhorar os sabores, as pessoas começavam a misturar e a criar receitas. (Pacheco, 2008).

No decorrer dos tempos, foi-se estabelecendo o "*design*[18]" dos copos e taças para a valorização das bebidas. Assim, se possibilita a melhor extração de sua essência. Para cada tipo de bebida, um copo/taça adequado. Nas recepções formais, as taças (copos) indicadas são com o pé alto. Já nas informais, podem ser usadas taças de pé baixo.

Antes de falar sobre os tipos de copos e taças, precisamos saber suas diferenças:

- **Copo**: pequeno vaso para beber, sem asa e de forma cilíndrica, ou alargando para as bordas. Ex: long drinks, uísque, sucos, vodcas, outros.
- **Taça**: vaso para beber, pouco fundo, de borda um tanto larga e provida de pé (haste). Ex: conhaque, espumante e/ou champanhe, água, vinhos, licores, dry martini, entre outras. (Dicionário da Língua Portuguesa).

---

18 *Design:* é a idealização, criação, desenvolvimento, configuração, concepção, elaboração e especificação de objetos que serão produzidos industrialmente ou por meio de sistema de produção seriada e que demandem padronização dos componentes e compatibilização do desenho para construção em maquinário mecânico ou manual, envolvendo a repetição das diferentes etapas de produção. Essa é uma atividade estratégica, técnica e criativa, normalmente orientada por uma intenção ou objetivo, ou para a solução de um problema.

Figura 12: Modelos de Copos e Taças

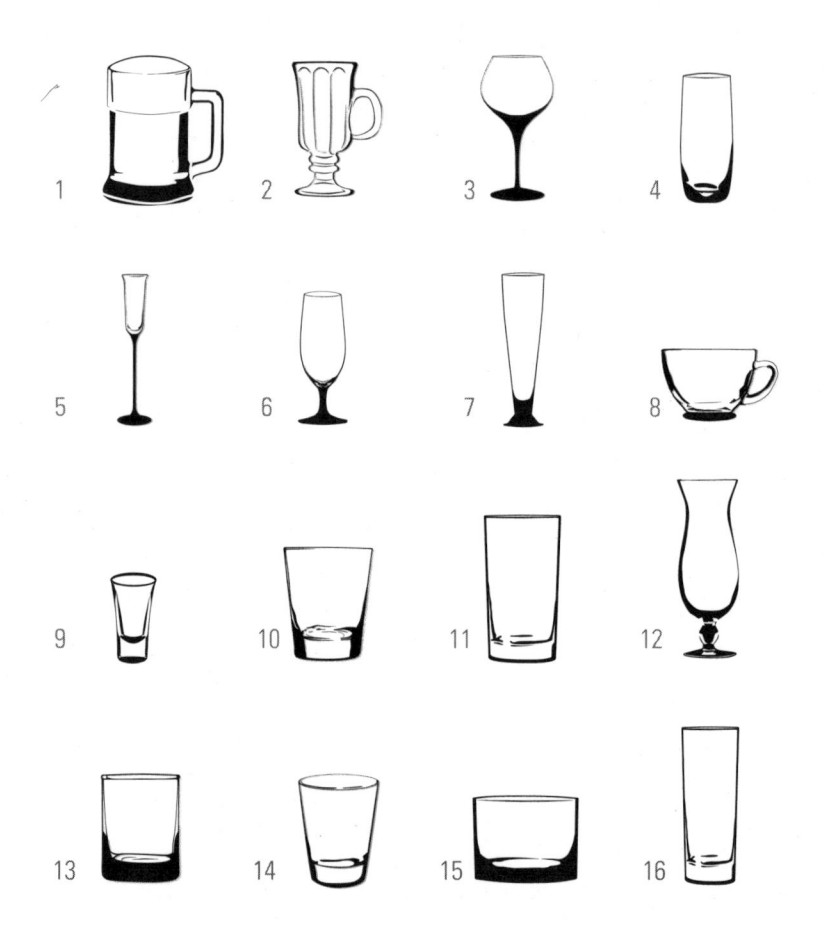

1. Caneca de cerveja;
2. Caneca para coquetéis quentes (hot drink);
3. Cálice de vinho;
4. Copo collins;
5. Copo cordial;
6. Copo de cerveja;
7. Copo de chopp (tulipa);
8. Copo de ponche;
9. Copo de shot;
10. Copo double ou oldfashioned;
11. Copo highball (long drink);
12. Copo hurricane;
13. Copo jigger;
14. Copo old-fashioned;
15. Copo on the rocks;
16. Copo zombie;

17. Taça champanhe saucer;
18. Taça de conhaque;
19. Taça de coquetel;
20. Taça de vinho branco;
21. Taça de vinho tinto;
22. Taça fiesta (marguerita);
23. Taça flute;
24. Taça parfait;
25. Taça pony;
26. Taça sherry;
27. Taça soury;
28. Taça tulipa (cerveja escura).

Os Vinhos

Hoje, o vinho está associado à cultura de bom gosto e de saber comer. Presente em muitas ocasiões, frequentes no contexto dos eventos. Pessoas nos mais variados contextos, principalmente profissionais de eventos, necessitam conhecer os vinhos.

Uma loja pode oferecer centenas de vinhos do mundo inteiro. É mais fácil escolher a garrafa se nos lembrarmos de que os vinhos podem ser classificados segundo seu estilo. Lendo bem o rótulo, você pode determinar a origem do vinho e ter uma ideia precisa sobre seu gosto e suas características. O preço pode indicar tratar-se de um vinho de uso diário ou de uma garrafa para uma ocasião especial.

Os vinhos podem ser degustados junto com a refeição ou em uma mesa de frios. Podem ser classificados:

- Quanto aos tipos: Rosé/Brancos/Tintos
- Quanto à qualidade: Mesa/Médios/Bons/Grandes
- Quanto ao corpo: Leves/Médios/Encorpados
- Quanto à idade: Jovens/Maduros/Envelhecidos
- Quanto ao teor de açúcar: Suave/Demi-sec/Secos/Doces

Pacheco (2004) nos explica que os vinhos não são escolhidos e servidos aleatoriamente. Hoje, a combinação dos vinhos e alimentos depende muito do gosto do consumidor, porém devem-se seguir as normas clássicas internacionais. Geralmente, são escolhidos pelo tipo de comida ou por ocasião: a regra principal é a harmonização dos sabores da comida com a bebida, ou seja, o vinho deve valorizar o prato e o prato deve valorizar o vinho. Porém, a regra geral deve ser levada em conta: os vinhos tintos são recomendados para acompanhar carnes vermelhas, massas, aves e caças. Já os vinhos brancos, por serem leves e frutados, harmonizam muito bem com peixes, frutos do mar, carnes brancas como peito de frango ou de peru, assados, grelhados e são excelentes como aperitivo. O vinho verde (branco e tinto) também pode acompanhar peixes e frutos do mar. Os vinhos doces acompanham as sobremesas.

As taças para vinho variam conforme o seu tipo. Para o vinho tinto, é adequada uma taça mais larga do que a do vinho branco, pois a bebida não é consumida gelada. A taça deve apresentar um bojo arredondado para facilitar que as partículas aromáticas da bebida se desprendam.

Já as taças para o vinho branco devem apresentar o bojo menor, devem ser de tamanho pequeno para que a bebida não esquente e concentre o aroma mais delicado do vinho branco, que é consumido gelado. O correto é segurar a taça pelo pé, para que o calor das mãos no bojo não possa alterar a temperatura da bebida. Esse tipo de taça é também usada para o vinho rosé. É importante ressaltar que as taças para o serviço de vinho, em situações formais, devem ser de cristal transparente, sem qualquer tipo de adorno, permitindo uma visão melhor da qualidade do vinho, bem como de suas características. Um serviço cuidadoso, a temperatura adequada e a escolha do copo adequado contribuem para obter o melhor de cada garrafa, quer se trate de um vinho ou de uma grande safra.

O serviço de vinhos tintos nos restaurantes deve seguir os seguintes procedimentos:

- **Primeiro passo:** O garçom retira a cápsula que deve ser cortada abaixo do ressalto maior do gargalo, próximo à abertura da garrafa com uma faca ou corta-cápsulas *foil-cutter*[19]. Sua ausência ou a

---

19 *Foil-cutter*: acessório que tem a forma de um "U" cuja abertura abraça o gargalo. Pressionado no gargalo e girado, ele corta a cápsula através de disquinhos de aço existentes na sua base, mas em geral corta mais rente à borda do gargalo.

danificação pode ser um sinal de que o vinho está oxidado, pois a rolha está desprotegida. Após a remoção da cápsula, deve limpar o gargalo, com um guardanapo de pano ou de papel.
- **Segundo passo**: o garçom retira a rolha, que deve estar bem acondicionada, pois a rolha já prenuncia o estado do vinho. O saca-rolhas indicado deverá ser um em que não exija esforços, e em consequência, movimentos bruscos com a garrafa. Em seguida, a rolha deverá ser deixada sobre um guardanapo ao lado do cliente que solicitou o vinho para apreciação.

Caso os vinhos sejam envelhecidos, o garçom deve realizar o terceiro passo: chamado de decantação ou aeração, que elimina possíveis sedimentos existentes.

Essa operação é realizada abrindo-se a garrafa algum tempo antes do serviço do vinho e deixando o vinho "respirar", ou melhor ainda, transferir o vinho para uma jarra de vidro com boca larga ou um *decanter*[20].

- **Quarto passo**: servir o vinho na temperatura ambiente (entre 16ºC e 22ºC). O garçom nunca deve encher totalmente o cálice, somente 2/3 (dois terços).

Servir primeiro a pessoa que pediu o vinho, para degustá-lo. Após a aprovação do cliente, servirá a pessoa que acompanha. Não necessita de nova degustação, caso haja repetição.

O vinho branco não necessita de decantação. É servido em uma caçamba, também conhecida por balde de gelo ou champanheira, com gelo a uma temperatura que pode variar entre 6ºC e 14ºC. A caçamba,

---

[20] *Decanter* (inglês) ou *carafe* (francês) que é um frasco, de vidro fino ou cristal, com a base bem larga, semelhante a uma licoreira.

quando colocada em uma mesa de apoio (*guéridon*) ou suporte próprio, deverá ser envolta em um guardanapo. Da mesma forma do vinho tinto, o garçom deve servir preferencialmente quem pediu o vinho, para degustá-lo; caso haja repetição, como o vinho tinto, não há nova degustação. Encher apenas ¾ (três quartos) do cálice e, quando a garrafa estiver vazia, colocá-la de bico para baixo na caçamba, facilitando ao cliente o pedido de reposição do vinho.

A temperatura ideal varia conforme o tipo do vinho e do cliente. O branco encontra sua temperatura ideal desde os 4ºC até 10º/12ºC. Já os tintos requerem temperaturas mais ambientes. Isso não quer dizer que em dias mais quentes o vinho tinto não poderá ser acompanhado de resfriamento com gelo.

> ### Você sabia?
> A prova ou degustação é sempre feita por quem solicitou o vinho, portanto, requer algum conhecimento do assunto, pois a recusa do vinho não deve jamais se basear em conceitos pessoais, como gostar ou não, e sim na definição de características incorretas de cada tipo de vinho ou identificação de oxidação ou mesmo idade inadequada de cada um.

Nos restaurantes especializados, existe a presença do profissional *sommelier*[21] que pode ajudar na escolha do vinho e que pode comprovar a qualidade do vinho, através da degustação, com o auxílio de um *tastevin*[22].

---

21 *Sommelier*: profissional responsável por tudo relacionado ao vinho no restaurante ou loja (escolha dos vinhos, elaboração da Carta de Vinhos, compra, reposição, armazenamento e serviço do vinho), bem como das outras bebidas (em alguns restaurantes mais diferenciados ele também é o responsável pelos charutos).

22 *Tastevin*: também conhecido como tabuladeira ou tomboladeira, é o nome francês de um recipiente côncavo, pequeno (20cm a 50cm), que era utilizado para observar a cor e o brilho dos vinhos.

O vinho do Porto é servido em cálice, bem pequeno, a fim de conservar todas as propriedades da bebida. Já o licor é servido nos menores cálices, são bebidas digestivas, que são servidas em pequena quantidade.

Champanhe, espumante, prosecco e frisante.

Napoleão Bonaparte já dizia: "merecia a bebida após as vitórias e precisava dela para consolá-lo das derrotas".

Jamais uma bebida foi tão ligada aos bons momentos como o champanhe. Batiza crianças e navios, inspira os amantes, aproxima os adversários e acompanham todos aqueles instantes de nossas vidas em que é necessário o ritual da alegria. Em encontros formais e informais, é tradicional oferecer um espumante/champanhe aos convidados como forma de recepcioná-los. Registrar momentos com um brinde pode ser interpretado como uma forma elegante de receber. Champanhe, espumante, prosecco e frisante aparentemente parecem bebidas iguais, são muito confundidas no dia a dia das pessoas.

A bebida champanhe só recebe esse nome quando provém exclusivamente de uma região, também chamada *Champagne*, cerca de 145 quilômetros a nordeste de Paris. O champanhe, junto com o *Xerez* e o *Porto*, é um dos vinhos de produção mais complicada do mundo. Envolve inúmeras e trabalhosas etapas. Só podem ser chamados de champanhe os vinhos espumantes produzidos nessa região da França e são fabricados pelo processo tradicional: *champenoise*. Os vinhos espumantes são elaborados por três métodos: o *champenoise*, o *charmat*, e o *asti*. Os espumantes existem em praticamente todos os países vinícolas. A maioria deles é elaborada através dos métodos criados e utilizados na França para elaboração de seus espumantes. Existem vários tipos de espumantes, de acordo com suas características específicas, portanto podemos concluir que todo champanhe é espumante, mas nem todo o espumante é champanhe!

O prosecco, por sua vez, é o nome dado aos espumantes ou frisantes produzidos nas regiões italianas de Vêneto e Friuli. O nome "prosecco" também é protegido por lei, mas a restrição quanto ao seu uso não é tão respeitada como no caso do champanhe. O tipo de uva usada para a produção do prosseco é a *glera*. O prosecco é geralmente fabricado através do método charmat, o que o torna mais barato e um ótimo substituto para o champanhe. Ainda podemos citar a "CAVA", também é um nome protegido por lei que se refere a espumantes produzidos em certas regiões da Espanha, especialmente na região Catalunha de Pènedes. A cava é produzida através do método *champenoise*, mas com uvas – como a macabeu, a parellada e a farelo – diferentes das utilizadas para a produção do champanhe.

Já o frisante é um vinho com pouco gás carbônico, apesar de este elemento surgir naturalmente do processo de fermentação da uva. Geralmente, possui a metade da quantidade de gás carbônico presente nos espumantes.

A sidra é uma bebida popular que pode ser confundida com espumante ou frisante. É uma bebida alcoólica fermentada e gaseificada – o gás é muitas vezes inserido de forma artificial – feita a partir do suco de frutas como a maçã e o pêssego.

A taça para o champanhe ou espumante, chamada de *flûte*[23] é fina e alta, seu design tem a finalidade de manter a bebida eferverscente e

---
23 *Flûte*: significa "flauta" em francês.

saborosa, que permite o melhor desprendimento do gás carbônico (o chamado *perlage*, que indica a qualidade do champanhe) e a apreciação de seus delicados aromas.

O serviço de champanhe em restaurantes deve seguir tais procedimentos:

O champanhe deve sair da copa na temperatura da câmara onde está conservado (8ºC a 12ºC) e ser refrigerado até a temperatura ideal na caçamba, após a solicitação do cliente. Para gelar o champanhe mais rapidamente, coloca-se gelo com sal grosso (sem água) na caçamba. A caçamba deverá estar encoberta por um guardanapo, no tripé ou na mesa auxiliar (*guéridon*).

1. Abre-se a garrafa, procedendo da seguinte maneira: o garçom segura a garrafa com um guardanapo de apoio, na mão esquerda. Inclina a garrafa, direcionando-a para um lugar em que a possível explosão não atinja o cliente e/ou objetos. Retira cuidadosamente a grade (arame) que envolve a rolha e retira a rolha com movimentos leves de rotação e pressão do polegar.

2. Depois de abrir, o garçom passa a garrafa para a mão direita e serve os comensais da mesma forma que os serviços de vinho branco e rosé, dando atenção a dois detalhes: no serviço do champanhe, pode, ou não, ter degustação e o garçom deve servir um fundo de taça (espécie de amostra) para compatibilizar a temperatura do champanhe e do copo, evitando que transborde, para completá-la, após todas as servidas da amostra, com cerca de 2/3 (dois terços) de sua capacidade.

> ### *Você sabia?*
>
> Em meados do século XVII, na região francesa de Champagne, situada a 160 quilômetros de Paris, um célebre abade de nome Dom Pierre Pérignon fôra indicado para ser responsável pela administração das cantinas da Abadia de Hautvilles. Durante a segunda fermentação, resolveu adicionar à fórrmula tradicional, fabricada com uvas *Pinot Noir* e *Chardonay*, um xarope açucarado, mais leveduras e algumas gotas da porção ditada para ele por seus anjos da guarda. Ao engarrafar o novo experimento, o frade resolveu trocar as rolhas por outras mais firmes, feitas de cortiças. Segundo ele, o milagre foi real! Ao provar o vinho espumante que acabara de elaborar, Dom Pérignon considerou estar bebendo estrelas. E foi assim que nasceu o vinho que recebeu o nome da região: Champagne.

A cerveja

Uma bebida popular, preparada à base de água, malte, lúpulo[24] e leveduras[25] (açúcar, arroz ou milho em alguns países), muito apreciada em todo mundo. Talvez, seja a bebida mais consumida mundialmente. Sua origem remonta aos primórdios da civilização. Além de ser uma bebida de grande valor nutritivo, tem grande poder antisséptico, microbicida e diurético, é estimulante de apetite tônico para o fígado e fortificante para os

---

24 Lúpulo: planta terapêutica de origem europeia, usada na elaboração de cervejas, usa-se a flor feminina da planta, que possui uma resina de sabor amargo e cor dourada, chamada de lupolina.
25 Levedura: fungo microscópico de nome Saccharomyces cerevisiae, que tem a função de transformar o açucar do mosto em álcool e gás carbônico. (Pacheco, 2008, p.50)

nervos. As cervejas são conhecidas como: larger e pilsener de fermentação baixa e ale, stout e porter de fermentação alta. Já o chopp é uma cerveja fresca, nova, ainda não-pasteurizada e que deve ser consumida em poucos dias.

Ao solicitar uma cerveja, o serviço ao cliente deve ser oferecido da seguinte forma: o copo de cerveja (tipo pilsen), deve estar devidamente refrescado, servido pela direita do cliente e também com auxílio da bandeja. Abrir a garrafa na frente do cliente. Servir, tendo o cuidado de deixar o copo bem apresentável, isto é, com a presença do colarinho (espuma), a não ser que o cliente peça sem colarinho. Os copos adequados para a cerveja são chamados de tulipa. Com seu design, facilitam presevar a temperatura e a concentrar o aroma do malte. Para finalizar, o garçom deve colocar a garrafa dentro de uma caçamba com gelo.

O uísque (whisky)

Pacheco (2008) nos fala que o uísque é uma bebida preparada a partir da fermentação e destilação de diversos cereais, tais como a cevada, o milho, o trigo e o centeio. São envelhecidos em tonéis de carvalho, permanecendo por muitos anos. O uísque escocês é o mais famoso mudialmente e é assim classificado:

- *Standart*: 3 a 8 anos;
- *Reserve* ou de luxe: 12 anos;
- *Special*: 12 a 15 anos;
- *Premium*: 17 a 60 anos.

Os uísques irlandeses diferem dos escoceses pelo processo de produção e são mais fortes. Outros países também se destacam na produção da bebida, como Estados Unidos e Canadá, que têm características semelhantes. Porém o uísque americano, chamado bourbon, pela sua legislação deve ser fabricado com pelo menos 51% de milho e o restante, de outros cereais. O canadense é mais leve e menos encorpado, tem um sabor acentuado de centeio.

A bebida pode ser servida em doses sem gelo e temperatura ambiente (chamado *cowboy*) ou servido em doses acompanhadas de pedras de gelo (*on the rocks*). Deve ser servido em copo largo e baixo, que ajuda a armazenar as pedras de gelo e favorece a aproximação do nariz, para percepção do aroma do malte. O serviço da bebida deve seguir os seguintes critérios: a garrafa de uísque é transportada em bandeja, bem como os copos próprios para uísque (on the rocks), dosador (50ml), balde de gelo com pinça, e é executado na própria bandeja, na presença do cliente: primeiro o gelo no copo, depois a dosagem e, por fim, servir o cliente pela direita. Esse serviço também é indicado para Campari e similares.

O licor

É uma bebida doce, em geral com sabor de frutas ou ervas, e deve ser ingerido em pequenas doses por ter um teor alcoólico alto. Existem vários tipos e marcas: os licores nativos, fabricados com diversos produtos de cada região e os licores clássicos, fabricados sob licença das respectivas matrizes.

Geralmente, os licores são servidos após a refeição (café), em serviço de carrinhos. Servidos pelo garçom e *commis*, em cálice (25 ml), em temperatura ambiente, não havendo uma regra rígida para execução do serviço. Nos eventos, são muito bem aceitos; geralmente são dispostos em mesa-buffet e servidos no fim do evento.

Conhaque

Bebida digestiva, destilada do vinho (uva) e que possui alto teor alcoólico. É servida acompanhando o café ou após este. Não é dosada como a maioria das bebidas destiladas. O conhaque é servido em taça chamada balão (*baloon*), apresentando características de pé curto e com a boca estreita. Esse tipo de bebida permite que se segure a taça com os dedos para manter a bebida aquecida. Em dias frios, costuma-se aquecer a taça com o auxílio do fogo produzido pela chama de uma vela ou do álcool, antes de servir a bebida.

Refrigerantes, sucos e água

Os refrigerantes e os sucos devem ser servidos em copos cilíndricos altos, sem pé, de tamanho ideal para a reposição constante do líquido. Nos restaurantes, devem ser apresentados e servidos pelo *commis*[26] (auxiliar do garçom), que deve ter o cuidado de colocar ou não gelo, de acordo com o desejo do cliente. As águas são servidas em taças (aquelas que acompanham o serviço de vinhos) pelo *commis*, que antes da apresentação se informará com o garçom se geladas ou não, se gaseificadas ou não. As águas minerais, assim como os refrigerantes, são abertas na presença do cliente.

> *Você sabia?*
>
> O serviço de mesa sempre compreenderá taça de água, que deverá estar sempre cheia (2/3 de sua capacidade). Ainda que o cliente não beba a água, a taça nunca pode estar vazia, sendo a última a ser retirada.

Serviços de bebidas em eventos

As bebidas sempre estão presentes nos eventos. São servidas pelo simples fato de hidratar, matar a sede das pessoas, proporcionar prazeres ou simplesmente ajudar na socialização das pessoas. Sejam quais forem os objetivos, são escolhidas de acordo com a ocasião, estilo do evento, convidados, estação do ano e combinadas com os sabores do cardápio planejado e elaborado para ser servido no evento. Já conhecemos um pouco alguns tipos de bebidas e como são servidas nos restaurantes. E nos eventos? Qual a maneira ideal de servir as bebidas? O que o profissional recepcionista de eventos precisa saber?

Caso o profissional recepcionista de eventos esteja trabalhando em eventos como banquete e jantar formal, com grande número de pessoas, sempre é bom dar um apoio para a equipe. Por mais que se trate de um serviço especializado de garçom, é preciso entender o processo de

---

26 *Commis:* espécie de auxiliar ou aprendiz de garçom, responsável pelos detalhes do atendimento. Ele serve alimentos e bebidas, traz o Couvert, troca pratos, talheres e copos quando necessários.

trabalho, estar atento às falhas e necessidades das pessoas, tais como a reposição de bebidas e outras eventualidades. Caso haja necessidade, procure o garçom para corrigir, porém muito cuidado com o que faz. Cada profissional com seu trabalho – procure apoiar sem atrapalhar. Seguem abaixo algumas dicas para você ficar atento:

- As bebidas devem circular desde a chegada dos primeiros convidados;
- Nos coquetéis, o serviço é volante. Com auxílio de bandejas, conta com três equipes de garçons: alimentos, bebidas e retirada dos copos. Costuma-se servir água, suco e refrigerante e, em geral, duas opções de bebidas alcoólicas: vinho e espumante são as mais utilizadas;
- Durante um jantar, serve-se primeiro a água e, depois, os vinhos – de acordo com os pratos. A água é a primeira bebida a ser servida e a última a ser retirada da mesa. Pacheco (2004) nos explica que os vinhos são abertos na copa, fora da presença dos clientes e a degustação é feita por amostragem, pelo responsável do banquete ou pelo cliente. São levados à mesa, servidos nas taças, antes da apresentação dos pratos. A apresentação da garrafa não é feita em eventos e os vinhos são servidos seguindo a precedência das autoridades e/ou convidados;
- Geralmente, o champanhe ou espumante é reservado para as sobremesas e os brindes.
- Refrigerantes, água mineral, cerveja, sucos e chá-mate são considerados como serviço básico de bebidas. São pensados para aquelas pessoas que não ingerem bebidas alcoólicas.

> **Você sabia?**
>
> Durante um coquetel ou uma festa, as pessoas bebem em média três driques em uma hora, cinco em duas horas e seis e meio em três horas, seja qual for o tipo de bebida. Já nos eventos que envolvem refeições, almoço e jantar, calcula-se em média duas garrafinhas de água mineral e meia garrafa de vinho por pessoa. (Tommy Freund – Retirado do livro "Sou garçom", 2013, editora Senac- RJ.

Aparência e postura pessoal

Anteriormente, sentimos a necessidade abordar o fator "imagem", quando foi enfatizado que é um conjunto de fatores que envolvem comportamentos, comunicação e aparência. Falamos sobre aspectos da etiqueta, que nos direcionou para a comunicação e comportamentos do profissional. Agora, enfatizaremos os fatores aparência e postura física. Antes de começar a falar sobre o assunto, precisamos refletir sobre algumas questões.

Aparência

Na sociedade de hoje, boa aparência e boa postura são fatores muito levados em consideração, tanto no contexto social como profissional, para formação de uma boa imagem. Beleza é o mesmo que boa aparência? Quais os critérios levados em consideração para se ter uma boa aparência? Boa aparência é muito confundida com beleza. Isso também acontece no mercado de eventos na escolha do profissional recepcionista de eventos.

Existe diferença entre beleza e boa aparência: ser bonito ou bonita é ser naturalmente belo aos olhos. Em outras palavras, é a forma que a natureza deu à pessoa. É um rosto bem delineado, traços marcantes e harmônicos etc. Ter beleza é nascer com a beleza ou adquiri-la com os anos, naturalmente. Boa aparência é algo que depende da própria pessoa, do esforço próprio, ter cuidados com cabelos, rosto, pele e escolha do vestuário que lhe caia bem.

Matarazzo (2011) nos ensina que o visual deve ser trabalhado baseado em coerência e bom senso, não esquecendo regras básicas, como: evitar roupas muito justas, não exagerar nas estampas e apostar nos tons em pastel, para não errar – são cores mais agradáveis e têm efeito rejuvenescedor. As cores branco, preto e bege são consideradas elegantes. As pessoas de pele escura devem evitar as cores azul-marinho, marrom e preto perto do rosto.

Hoje, a moda é muito mais flexível por apresentar várias tendências. Deixa-nos muito à vontade para escolhermos nosso estilo, porém devemos ter o cuidado na hora de escolher nossa roupa de acordo com a ocasião. Ao determinarem o traje para o evento, os anfitriões e cerimonialistas baseiam-se no público-alvo, horário do evento, local, clima da região e hábitos e costumes locais. Os trajes dividem-se em: esporte, passeio, passeio completo, *black-tie* e gala. Nessa ocasião, nossa intenção é apenas classificá-los, para um melhor direcionamento do vestir corretamente, e não falarmos sobre moda.

Traje Esporte

Esse tipo de traje é usado para eventos informais à luz do dia, como almoços, festas de crianças, *brunchs*, batizados e exposições. Tem características de ser menos formal, mas não quer dizer que se vai relaxar. Geralmente, seguem-se os critérios:

HOMEM	MULHER
Camisa (social tradicional) sem gravata ou suéter de malha, de acordo com o clima; a camiseta gola polo cai muito bem para este tipo de traje.	Calça comprida, pantalonas, conjunto de saia e blusa, vale quase tudo. O que determina o grau de informalidade é o tecido sem brilho e mais rústico e a ausência do salto alto, assim como os saltos mais grossos.

Traje Passeio

Também chamado de traje esporte-fino. É utilizado nos eventos um pouco mais formais, tais como almoços de negócios, conferências, coquetéis e vernissages. Deve-se apostar em um visual mais arrumado do que o esporte, mas sem exageros.

HOMEM	MULHER
Camisa, blazer e calça social, se o evento for durante o dia, sem se preocupar em usar gravatas. Se for noturno, terno ou blazer com gravata são as melhores opções.	Os vestidos são ótimos para esta ocasião, tailleurs e terninhos em tecidos nobres. Aposte em cores sóbrias para o dia e um tom mais escuro para noite, evite peças com muito brilho e transparência. Nos pés, sapatos de salto médio são os apropriados.

Traje Social

Também chamado de passeio-completo, é o vestuário das ocasiões mais formais, ideal para jantares, coquetéis de negócios, casamentos e outros grandes eventos.

HOMEM	MULHER
Terno escuro com camisa social, de preferência lisa, gravata é a melhor opção. Nos pés, sapatos de couro, de amarrar.	Devem apostar em vestidos, saias e blusas com tecidos e cortes sofisticados. Ex.: seda, tafetá, veludo, organza e brocados. Nessa ocasião, podem ser usados enfeites de cabeça, tais como tiaras, fivelas de pérolas. O comprimento dos vestidos e saias não necessariamente precisa ser longo. Sapato de salto alto, em modelos como escarpin e chanel são ótimas pedidas. As bolsas devem ser pequenas (as de mão).

Traje Black Tie ou Rigor

Deve ser usado em eventos no período da noite como jantares formais, formaturas, casamentos, premiações e solenidades. Esse traje costuma vir expressamente solicitado no convite.

HOMEM	MULHER
O traje é o smoking — terno preto com gola de seda, camisa branca usada com gravata borboleta e faixa de cetim preta. Lembre-se que o nome "black-tie" já indica a presença das gravatas pretas. Outras opções, em caso de festas no verão, são o summer-jacket (branco), variantes do smoking.	Deve dar preferência aos vestidos mais sofisticados, sendo eles de tecidos como brocados, bordados, pedraria, outros. Calças em geral de feitura larga nas pernas e na boca com tecidos nobres e transparentes também podem ser usadas. Nessa ocasião, não é obrigatório usar longo, fica como alternativa. Saltos altos e acessórios como brincos e colares são bem-vindos, evitando exageros.

Gala

Requinte e glamour são exigidos nessa ocasião. Esse tipo de traje é geralmente usado em festas diplomatas e casamentos.

HOMEM	MULHER
Smoking ou casaca (raramente usada nos dias de hoje).	Vestido longo com bainha abaixo do tornozelo, permite até uma pequena cauda, de acordo com o grau de formailidade da ocasião. Aqui não se aplica conjunto de saia e blusa, por mais sofisticado possível.

> **Você sabia?**
>
> - Os tênis, apesar de serem confortáveis, limitam-se apenas à prática de esportes;
> - Evite sandálias flat (rasteiras) nos ambientes de trabalho, por causa de sua informalidade, o mais adequado são saltos altos e baixos, por estarem mais associados ao visual elegante;
> - Evite no ambiente de trabalho calças jeans justas, rasgadas, desbotadas e de cós baixo, saia curta ou com fendas, decotes, roupas brancas, justas e transparentes.

Aparência – traje do profissional específico

Já mencionamos que a imagem do profissional reflete na imagem do evento. Trata-se do profissional com quem o convidado/participante entra em contato primeiro quando chega ao evento. Sua aparência deve ser trabalhada em três critérios: limpeza, discernimento e bom senso. São fatores que andam lado a lado: se me visto bem, mas não sei me postar sentado ou em pé, ando de forma incorreta ou simplesmente não digo um "obrigado"; ou contrário, se sou gentil, simpático, e não cuido da minha aparência, o que adianta?

As roupas devem ser confortáveis, sem ser exagerada, a maquiagem deve ser feita de forma duradoura e discreta, os cabelos dando aparência de limpeza e arrumados da forma que caia bem no rosto da pessoa, as unhas limpas e sutis (discretas).

Uniformes

Geralmente, a organização do evento baseia-se no tipo de traje que será usado na ocasião para a escolha e elaboração do modelo do uniforme a ser usado pelos recepcionistas. Nos eventos mais formais, o uniforme das mulheres geralmente é um blazer acompanhado de calça ou saia, ou vestido. Para os homens, paletó com gravata. Já nos eventos informais, levando em consideração a praticidade do dia a dia e o custo, usualmente é escolhida uma calça esporte com camisa de malha; e nos eventos temáticos, o uniforme poderá ser uma fantasia ou um modelo de acordo com o tema do evento.

O profissional deve estar atento e informado para esse assunto na hora de sua contratação: o uniforme deverá propiciar uma sensação agradável de uso e não deve estar muito justo ou frouxo – as medidas das roupas devem ser de acordo com o seu tamanho. Cuidado com o comprimento da barra de calças e saias e as mangas de camisas e blazer. Todas as peças do vestuário (uniforme) devem estar de acordo com sua altura e tamanho. Na hora de recebê-lo, prove-o tantas vezes quanto precisar e verifique suas condições. Se não lhe cair bem ou houver algum defeito, procure a contratante para solucionar o problema. Verifique, ainda, as condições de limpeza e conservação, a presença dos botões e as condições do zíper, bem como qualquer possível mancha de queimadura a ferro.

Seguem algumas sugestões:
- No caso do uniforme das mulheres exigir meias finas, opte por meias transparentes; a cor de carne nem sempre coincide com seu tom de pele;
- No caso do uniforme dos homens, no uso de meias, opte pela cor da calça, exceto para sapatos pretos, com os quais geralmente são usadas meias pretas.

Sapatos

O critério mais importante que deverá ser levado em consideração na hora da escolha dos sapatos é o aspecto do conforto. Trabalhar com um sapato apertado não nos permite a melhor produção, sai dos limites da boa vontade e bem-estar de uma pessoa. Nos eventos mais formais, os homens deverão usar sapatos sociais; as mulheres, sapato de salto moderado (médio) ou sandálias, dependendo da orientação da organização.

> *Você sabia?*
>
> - Os sapatos femininos de saltos largos causam melhor sensação no trabalho, porque dão mais estabilidade no pé.
> - Os sapatos de bico largo são ideais para o trabalho, porque não apertam os dedos.
> - Hoje existem os sapatos linha "*confort*" quesão idealizados para o uso no trabalho e causam maior sensação de conforto.

Uso correto de bijuterias

Um detalhe muito importante para o profissional é o uso de bijuterias. Elas devem ser poucas e discretas, pois além de proporcionar um ar de vulgaridade podem causar acidentes, enganchando nas roupas ou ferindo os clientes na hora do atendimento. Evite brincos longos e grandes; na mão, somente um anel básico e a pulseira muita discreta. O relógio deve estar de acordo com a ocasião – há vários modelos, para os momentos mais esportivos e os mais formais.

Maquiagem

O profissional recepcionista pode tratar-se de homens e mulheres, porém falar de maquiagem é uma necessidade específica para a profissional recepcionista de eventos. Nessa profissão, pele bem tratada e uma maquiagem bem feita é fundamental para um bom resultado da aparência pessoal. A pele saudável proporciona um resultado de naturalidade e leveza do rosto. É só corrigir alguns pontos aqui e ali para os efeitos serem logo notados. O principal requisito da maquiagem de uma recepcionista é ser discreta: durante o dia, deve ser feita de forma mais branda utilizando de cores mais suaves e à noite, mais caprichada, pondendo utilizar cores fortes e brilhos.

Não nos cabe aqui ensinar técnicas de maquiagem e sim darmos dicas para que a própria pessoa possa fazer sua maquiagem no decorrer de sua vida profissional.

Sugestões

- Verifique o formato de seu rosto: comprido, redondo, quadrado, triangular, losango ou triangular investido, para assim você destacar os pontos favoráveis e disfarçar os pontos obscuros, proporcionando harmonia em todo o rosto;
- Verifique o tipo de sua pele: normal, seca, oleosa, mista, sensível e acnéica.

Formatos dos rostos

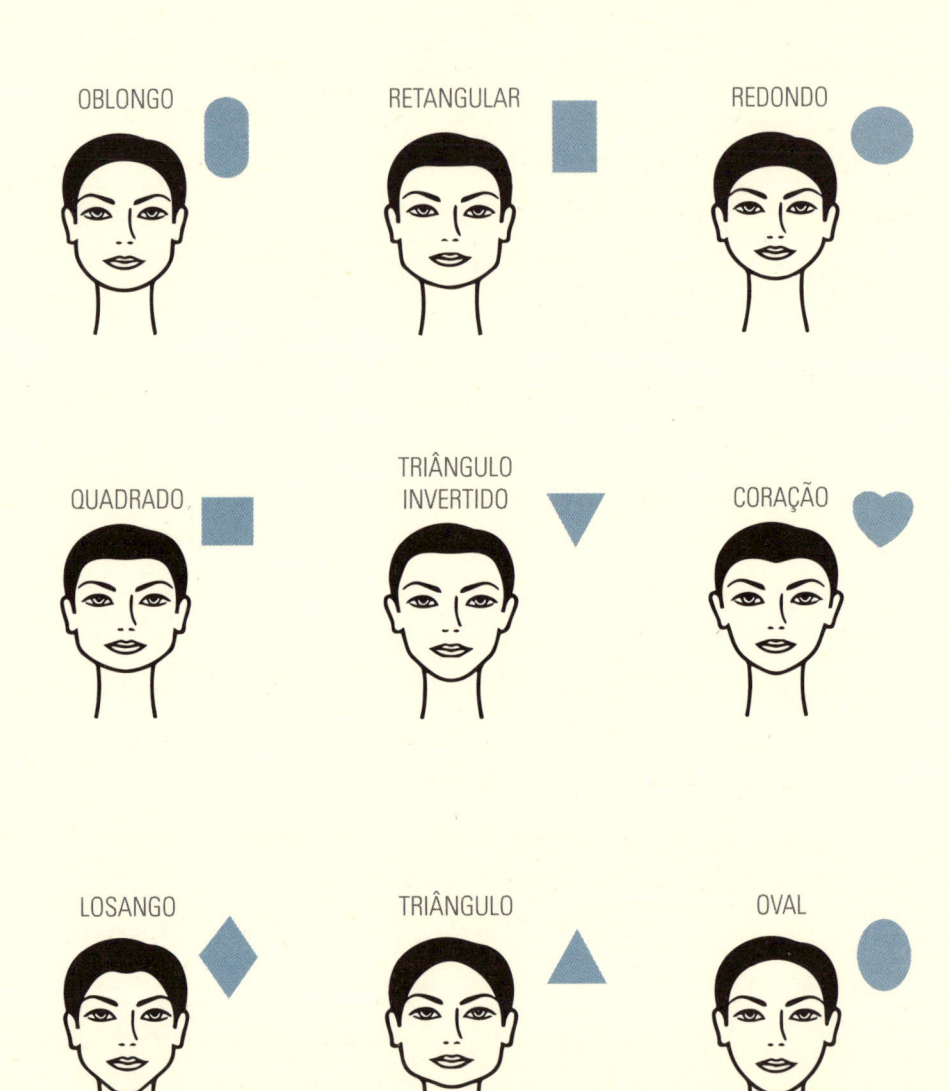

OBLONGO

RETANGULAR

REDONDO

QUADRADO

TRIÂNGULO INVERTIDO

CORAÇÃO

LOSANGO

TRIÂNGULO

OVAL

Veja o roteiro abaixo:

1º passo: Não comece a maquiagem sem limpar, tonificar e hidratar a pele;

2º passo: Com o rosto preparado, é a hora da base. Para saber o tom certo para sua pele, teste no rosto perto do queixo – se desaparecer, é seu tom; coloque um pouco de base na mão e aplique com um pincel em movimentos suaves, assim o rosto não fica com excessos. Aplique nos lábios para que o batom fique no tom desejado;

3º passo: A maquiagem na sobrancelha é para cobrir imperfeições internas. Para um resultado melhor ela precisa estar feita, já para falhas internas existem no mercado soluções para disfarçar com um efeito natural;

4º passo: Coloque o corretivo na mão antes de aplicar. Com batidinhas suaves, espalhe o produto onde deseja corrigir;

5º passo: Aplique o pó com um pincel – uma única camada é suficiente;

6º passo: Aplique a sombra clara em toda a pálpebra de dentro para fora, deixando bem espalhada;

7º passo: Com a sombra escura, faça um "V" deitado no canto externo do olho;

8º passo: Aplique na raiz dos cílios a mesma sombra, esfumaçando levemente;

9º passo: Aplique a sombra (cor escolhida) no centro da pálpebra com as pontas dos dedos dando leves batidinhas;

10º passo: Passe o lápis na raiz dos cílios de fora para dentro, deixando a parte de fora mais larga; esfumace com a parte da esponja do lápis e faça o mesmo processo na parte inferior dos olhos;

11º passo: Passe a máscara para cílios primeiro na parte inferior. Na parte superior, aplique de cima para baixo para curvar os cílios e de cima para baixo para alongar;

12º passo: Com o pincel deitado, aplique o *blush* das têmporas até acima da orelha em movimentos circulares. Para deixar o rosto leve e saudável, passe o pincel com *blush* abaixo do queixo e no meio do nariz;

13º passo: Para maior fixação do batom, aplique-o com um pincel. Para finalizar, use um *gloss* com brilho!

Cabelos

Os cabelos precisam de cuidados especiais. O cuidado vai desde a lavagem com xampu adequado ao tipo de cabelo (normal, seco ou oleoso). Atenção com pontas duplas, caspa e hidratação frequente (para o caso de cabelos secos). O cabelo possui em sua estrutura uma proteína conhecida como queratina, que é produzida pelo organismo. Porém, lembre-se que a produção de queratina depende de uma boa alimentação. A saúde dos fios de cabelo fica prejudicada quando se está com dietas rigorosas, estresse, excesso de produtos químicos (tinturas) e má alimentação. Quanto mais queratina houver, menor será a reação dos fios às mudanças climáticas.

O cabelo da mulher recepcionista deve ser sempre preso e com gel, procurando arrumar de forma criativa, que dê uma aparência de juventude, não esquecendo as formas do rosto – nem todo penteado se ajusta a qualquer formato de rosto. Assim, terá uma garantia de que estará arrumada durante todo o período de atendimento sem preocupação de refazer o cabelo, evitando queda de fios, além do toque com as mãos a todo instante. Para aquelas mulheres que gostam de praticidade, um bom corte bem feito e prático de cabelo é essencial para quem trabalha com frequência como recepcionista de evento. Às vezes, a própria coordenação indica e direciona as recepcionistas para um mesmo cabeleireiro.

Evite: cabelos muito longos e soltos; cabelos curtos muito amarrados; cabelos com tintura vencida; cabelos sujos ou com caspa.

Os homens deverão estar sempre com um corte de cabelo adequado e, de preferência, com gel. Um profissional recepcionista deve seguir à risca toda e qualquer orientação dada pela coordenação do evento no que se refere ao trato com os cabelos.

Evite: cabelos presos em rabo de cavalo; cabelos compridos e soltos; cabelos com caspa; barba por fazer; bigodes grandes e exagerados.

Você sabia?

Cabelos lisos: Devem ser lavados com xampu neutro e, posteriormente, desembaraçados e secados por alguns minutos em temperatura média. Utilizar musse ou gel se necessário, terminando de secar antes de moldar o cabelo.

Cabelos crespos: Umedecer os cabelos e passar um hidratante, deixando por 15 minutos. Depois, devem ser lavados com um xampu neutro, utilizando condicionador apenas nas pontas. O secador também deverá ser usado em temperatura baixa. Para os cabelos crespos, o gel deverá ser usado ao invés do musse. Terminar de secar antes de moldar o penteado.

Fonte: Elenera de Vieira, Índio Cândido, 2002, p.49

Outros cuidados (unhas, odores e mau hálito, limpeza do nariz e da garganta).

Anteriormente, falamos que faz parte de uma boa aparência a limpeza. Não adianta estarmos bem vestidos, se não estamos limpos e perfumados. Um dos cuidados para isso seria pensar em nosso corpo, cuidando de certos detalhes, tais como: alimentação, repouso e prática de atividade física. Assim, obteremos boa saúde, autoestima e, consequentemente, virão os resultados positivos no campo profissional.

Cuidados com as unhas

Alguns ambientes de trabalho exigem formalidade e discrição tanto na atitude quanto no visual – é o caso do profissional de atendimento em eventos. Isso é relativamente comum, faz parte da imagem que a empresa (evento) deseja passar aos seus clientes, e, obviamente, as unhas fazem parte do conjunto da aparência da pessoa. As unhas devem estar sempre limpas, de tamanho pequeno. O contrário transmite um ar de sujeira e vulgaridade, além de causar acidentes, como arranhões; as mulheres devem usar um esmalte claro e discreto (branco, bege, rosa claro etc), nada de unhas decoradas e cores fortes, principalmente para eventos formais. E os homens devem manter as unhas sempre limpas, cortadas e fica opcional colocar uma base.

Odores e mau hálito, limpeza da garganta e do nariz

A higiene corporal é um fator muito levado em consideração no convívio das pessoas, além de refletir na autoestima. Estar diante de uma pessoa suja e que cheira mal é muito desagradável. O profissional que trabalha com atendimento e está sempre em contato com pessoas deve ter cuidado com odores, mau hálito e hábitos fora de hora, tais como limpar o nariz e garganta em público.

Os odores podem ser causados por vários fatores. Um deles é o suor causado pelo estresse: acredite ou não, existem diferentes tipos de suor, porém o mais fedido é o suor causado pelo estresse.

O chulé é outro odor desagradável: acontece quando certas pessoas têm tendências de transpirar muito ou não lavar e não enxugar bem os pés após o banho. Pode ocorrer o desenvolvimento de bactérias, que produzem um cheiro parecido com o de enxofre.

Sutiãs sujos são outro fator que causa odores desagradáveis: com qual frequência você coloca seus sutiãs para lavar? A peça fica em contato por muito tempo com partes do corpo propensas ao suor, por isso, o ideal é que os sutiãs sejam lavados com maior frequência.

Mau hálito (halitose)[27] é um problema comum o qual frequentemente vem da atividade de bactérias na boca. Embora não haja meio seguro de saber, a maioria dos adultos provavelmente sofre de mau hálito. O melhor meio de descobrir se temos mau hálito é perguntar para alguém a sua opinião. Se não perguntarmos, as pessoas provavelmente não o farão. Se você tem alguma razão para crer que há um problema, então vá ao dentista primeiro, pois mau hálito frequentemente provém da própria boca. Por isso, beba muito líquido, visite seu dentista regularmente e escove seus dentes e gengivas adequadamente.

Outros hábitos tais como limpeza no nariz e garganta devem ser feitos em lugares íntimos, no caso de resfriado ou coriza é sempre bom ter a mão lenços de papel para as mulheres ou lenços de bolso para os homens. Caso não consiga evitar o espirro, deve fazê-lo com um lenço em mãos e, posteriormente, pedir desculpas às pessoas presentes.

---

27 Halitose: alteração do hálito que o torna desagradável, podendo significar ou não uma mudança patológica.

Dicas necessárias

Manter a boa aparência e dedicar horário integral ao evento não é fácil. Já que o recepcionista tem pouco tempo para o almoço e intervalos, a dica é: preparar uma *nécessaire*[28] onde possa levar tudo que possa precisar para retoques de maquiagem e manutenção de sua higiene.

O profissional que está sempre sendo contratado e tendo boa participação nos eventos durante todo o ano deve estar sempre com sua *nécessaire* pronta para qualquer eventualidade. A preparação da *nécessaire* é de natureza pessoal. Aconselha-se bom senso na hora da preparação, levando em consideração os critérios de necessidade e quantidade, para evitar excessos. Segue um modelo *check-list* como sugestão:

---

28 *Nécessaire*: caixa, estojo, maleta etc. onde se guardam e/ou transportam utensílios diversos destinados a algum uso preciso: nécessaire de toalete.

Nº	OBJETOS	OBSERVAÇÕES	OK
MODELO CHECK-LIST NÉCESSAIRE			
MAQUIAGEM			
1	Pó compacto	Somente para retoque	
2	Blush	Somente para retoque	
3	Sombra	Somente para retoque	
4	Lápis ou delineador	Somente para retoque	
5	Lápis sobrancelha	Somente para retoque	
6	Rímel	Somente para retoque	
7	Batom	Somente para retoque	
CABELO			
1	Escova de cabelo	Pequena	
2	Pente	Pequeno	
3	Grampos	Invisíveis	
4	Gel	Pote pequeno	
ARTIGOS PARA HIGIENE			
1	Desodorante	Pequeno	
2	Pasta de dente	Pequena	
3	Escova de dente	Pequena	
4	Fio dental	Pequeno	
5	Lavanda	Pequena	
6	Absorvente		
7	Lenços umedecidos	Pouca quantidade	
UTILIDADES			
1	Linha	da cor da farda	
2	Agulha	2 unidades	
3	Alfinetes	Pouca quantidade	
4	Tesoura	Pequena	
5	Band-aid	Cor da pele	
6	Remédio	Paracetamol	
7	Meia-calça	(Reserva) caso a farda seja saia e para compor é utilizada meia.	

> **Você sabia?**
>
> As atitudes de planejamento e organização na sua vida pessoal também refletem e contribuem para seu sucesso profissional.

Postura pessoal

Sabemos que somente aparência não é suficiente para a formação de uma boa imagem. Fazer uma análise de como agimos e pensar o que passamos para as pessoas na hora de interagir com elas é muito importante.

"O corpo fala"! Quantas vezem já ouvimos essa expressão? Vieira (2007) desperta-nos para a linguagem corporal[29], que pode nos proporcionar uma imagem positiva ou negativa, e até mesmo, revelar nossa personalidade e profissionalismo.

A comunicação também é feita por recursos não verbais, por isso somente aparência não é necessária para a formação de uma boa imagem. Precisamos pensar em algo mais, pensar em nossos gestos, comportamentos, pois, quando não são adequados ao momento, podem colocar tudo a perder. A maneira como sentamos, ficamos de pé e até mesmo olhamos transmite algo que nem sempre somos ou pensamos. Em poucos segundos, uma pessoa pode revelar segurança, carisma, inteligência, educação, ética, credibilidade, simpatia, responsabilidade e comprometimento.

Cuidado! O profissional recepcionista de eventos trabalha em situações expostas ao público e está sujeito a observações e interpreta-

---

[29] Linguagem corporal salientada em exemplos neste capítulo não tem rigor científico, tendo apenas o objeto de observação que exige mais sensibilidade.

ções. O ideal é fazer uma própria análise sobre a linguagem corporal e adoção de mudanças diárias, ou seja, a linguagem do corpo nos contatos cotidianos, pois são hábitos e, muitas vezes, não percebemos como fazemos. Para demonstrarmos autocofiança e credibilidade seguem algumas dicas:

Em pé

Geralmente, a posição do profissional é em pé, na entrada principal, nas salas, auditórios e em outras possíveis situações: não se encoste a móveis ou em paredes, mantenha sempre as costas eretas e o queixo erguido com o corpo unicamente apoiado sobre os pés. Evite ficar com as costas "afundadas" na altura dos rins ou com os ombros caídos. Atento a esses detalhes, você trará sensação de bem-estar, proporcionando saúde e boa impressão. Se seu corpo estiver sutilmente na direção das pessoas com quem está falando, tal postura transmite interesse, atenção. Ao falar com uma pessoa, procure ficar mais ou menos a um braço de distância de seu interlocutor, pesquisas mostram que esse espaço é o mais confortável. Fique atento ao uso do espaço em relação à proximidade e à distância.

Ao andar, distribua o peso do corpo entre ambas as pernas, mantendo os pés voltados para frente, apoiados no chão, e o abdômen contraído. A cabeça deve estar ereta, com o queixo paralelo ao chão. Os braços devem balançar naturalmente.

Sentada

Você também pode encontrar situações de trabalho que exijam uma posição sentada, tais como trabalhar na secretaria do evento, em balcões para informações, participar de momentos sociais em restaurantes, como almoços e jantares. A regra geral é "manter as costas retas, apoiadas no encosto; os braços devem estar sobre o apoio da cadeira, e os ombros relaxados; os pés devem estar no chão ou sobre um apoio; deve haver um ângulo de 90° dos joelhos em relação aos quadris". Porém, há casos e situações específicas que requerem bom senso. Assim, seguem algumas sugestões:

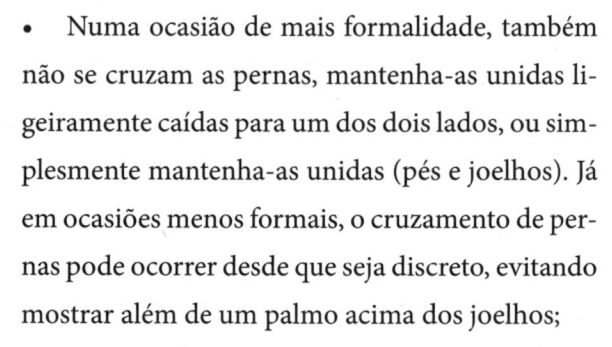

- Numa ocasião de mais formalidade, também não se cruzam as pernas, mantenha-as unidas ligeiramente caídas para um dos dois lados, ou simplesmente mantenha-as unidas (pés e joelhos). Já em ocasiões menos formais, o cruzamento de pernas pode ocorrer desde que seja discreto, evitando mostrar além de um palmo acima dos joelhos; 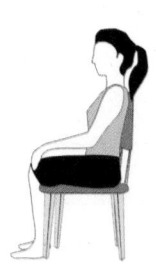
- Evite deixar o corpo cair sobre a cadeira, mantenha as costas no encosto da cadeira sempre ereta. Caso a cadeira tenha braços, apoie somente um cotovelo e evite os pés apoiados sobre móveis ou sobre outra cadeira; 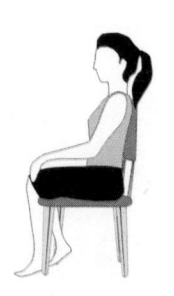
- Na mesa de refeição, flexione uma das pernas e coloque a outra embaixo da cadeira; com o auxílio das duas mãos, puxe a cadeira no único movimento. Ao lenvantar-se, a cadeira é colocada por quem a usou, na posição em que foi encontrada. É falta de educação levantar da mesa

e deixar nossa cadeira afastada, numa atitude de desleixo e de pouca atenção para com a ordem do ambiente.

Braços e mãos

Os gestos demonstram se estamos abertos ou fechados a um contato com uma pessoa. Ter um gesto adequado facilita o entendimento e a boa relação, assim como contribui para a boa formação da imagem. Tente fazer uso moderado de sua mão ao falar, nossas palavras devem expressar o que queremos dizer e não nossas mãos. Deixe a mímica para os mímicos, ou para quem não tem outra forma de expressão senão a da linguagem das mãos. Ao sentar-se, não contorça as mãos, não as escondas sob as pernas, nem estale os dedos; esses movimentos passam às outras pessoas que estão em nossa volta uma impressão de insegurança e desassossego de nossa parte – e que nem sempre condizem com a realidade. Anéis foram feitos para valorizar suas mãos, não para escondê-las. Use-os, mas não abuse de seu uso. Para o profissional recepcionista, procure não usar, e se usar, o mais discreto possível.

Sorriso

O sorriso é essencial para receber bem uma pessoa, porém devemos ter cuidado. É instrumento de mil e uma utilidades podendo demonstrar afeição, aprovação, alegria, e também escárnio, ironia, cinismo e outros sentimentos não tão vistos. É preciso que saibamos fazer uso dele. Não tente fazer do riso seu instrumento cortante de desaprovação. Uma expressão relaxada sem sinais de tensão ou apreensão pode facilitar muito no convívio das pessoas – use de assertividade para esse tipo de finalidade. Além de demonstrarem grande contentamento, enormes gargalhadas denotam vulgaridade. Ria, mas o faça com comedimento. Se sua primeira reação, diante de contrariedade ou grande tensão é rir, controle esse ímpeto, muitas vezes fora de hora e mal interpretado por quem está a nossa volta.

O olhar

O olhar de um recepcionista de eventos deve ser de forma profissional, sem exagerar e sem parecer vulgar, procurando sempre transmitir simpatia. O olhar nos fala tudo, ele pode transmitir muitos sentimentos: raiva, alegria, tristeza, sedução, medo, desprezo, amor etc. O ideal para o contato com os olhos é por dois ou três segundos, caso contrário, pode parecer que seus olhos estejam querendo esconder algo, passando sinais de insegurança. Pessoas confiantes mantêm o contato pelo olhar.

Você sabia?

Postura correta diz respeito à posição física de um sujeito em determinada situação. Por exemplo, existe uma postura correta para andar, para se sentar, no lazer, para escrever, para trabalhar em frente ao computador, para dormir etc. Ter uma postura correta contribui para que a coluna vertebral, que é o eixo central do corpo, se mantenha saudável, sem desvios.

Posturas incorretas permitem que os ossos não se alinhem corretamente, aumentando a tensão nos músculos, nas juntas e nos ligamentos, podendo causar fatiga, dor. Após anos, o mau hábito postural pode causar dores crônicas na coluna e afetar a função e posição de alguns órgãos vitais, sobretudo dos órgãos localizados no abdômen. Os desvios mais comuns da coluna são a escoliose, a lordose e a cifose. Todos podem ser congênitos ou adquiridos.

Fonte: (Thais Pacievitch) em www.infoescola.com/saude/postura-correta/ (último acesso em 24\07\2014).

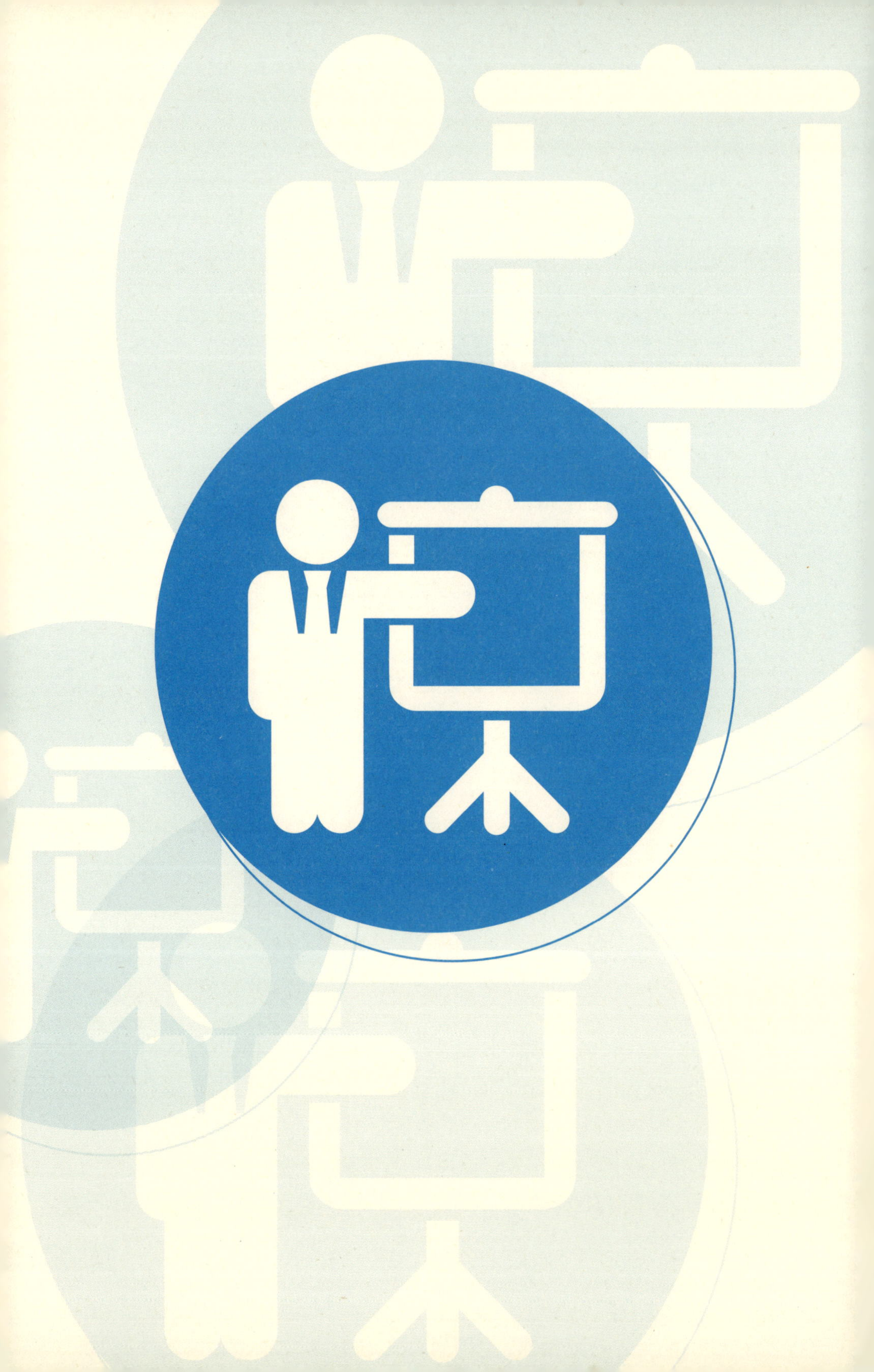

O fazer
Técnicas de trabalho do profissional

Saindo do conceito de que o profissional recepcionista de eventos precisa somente ser simpático e ter uma boa aparência, este capítulo do livro nos leva a pensar nas atitudes e procedimentos específicos do trabalho do profissional recepcionista de eventos, o "fazer". Proceder e aplicar técnicas nas mais diversas situações de seu trabalho, tais como atendimento, recepção e auxílio ao cerimonial, assim como apoiar a equipe organizadora do evento. Nosso ponto de partida serão as palavras "serviços, atendimento e recepção". Entender bem o que significa cada uma dessas palavras e a relação com o trabalho do profissional recepcionista de eventos.

Recepção significa "ato de receber"; também tem relação com receptivo, que é a pessoa que quer receber, que é acessível, que sabe atender. E atender é dar, prestar atenção, ter consideração, acolher com atenção ou cortesia.

A principal tarefa do profissional recepcionista de eventos é atender, seja qual for a situação de trabalho. Esse atendimento faz parte do conjunto de serviços que pode oferecer um evento. Seu sucesso depende também da forma como recepciona e atende as pessoas, por isso são considerados como base do atendimento dois requisitos: o "saber cuidar", no sentido de valorizar o ser humano no ato da recepção e no atendimento; e o "saber fazer", no sentido de como proceder. Para trabalhar os dois requisitos citados acima, primeiro vamos contextualizar o trabalho do profissional recepcionista em um evento e a importância de sua qualidade na prestação de serviço.

Hoje, o setor de serviço é cada vez mais valorizado. As grandes organizações privadas ou públicas valorizam cada vez mais seus clientes, procurando cada vez mais atendê-los melhor. Assim também ocorre nas empresas organizadoras de eventos, que exigem cada vez mais profissionais competentes que saibam atender seus clientes[30]. É fundamental para o profissional recepcionista saber bem qual seu papel dentro de um evento.

Pode-se dizer que o papel do profissional é também de relações públicas. O primeiro contato com os participantes e este proporcionará a primeira impressão, que ficará gravada na memória. Assim, podemos afirmar que a principal tarefa do profissional recepcionista é receber, estabelecer ou manter uma relação mútua entre uma instituição pública ou privada e grupos de pessoas. Por isso, ocupa-se principalmente da acolhida aos participantes e palestrantes do evento – neste caso, estamos falando de uma série de atividades que fazem parte do conjunto de serviços oferecidos em um evento. Antes de abordamos a questão da recepção/atendimento em si, falaremos um pouco sobre serviço.

---

30 Cliente: Referente a toda pessoa que requer atendimento do profissional recepcionista no contexto de um evento, (participantes, palestrantes, convidados etc).

Serviços e atendimento de qualidade

André Luzzi Las Casas[31] apud Dantas (2004) conceitua serviço como sendo a "transação realizada por uma empresa ou indivíduo, cujo objetivo não está associado à transferência de um bem". Já a Associação Americana de Marketing divulga que os serviços são "atividades, vantagens ou mesmo satisfações que são oferecidas à venda ou que são propriedades em conexão com a venda de mercadorias". De acordo com Levit, 1994[32] apud Dantas (2004), "o serviço faz parte do chamado "produto ampliado", ou seja, trata-se de um fator que agrega qualquer valor".

A qualidade é um fator essencial para os serviços. E, para entendermos melhor porque é tão importante a qualidade nos serviços, destacaremos algumas de suas características que se diferenciam dos produtos (entendendo-se aqui a palavra "produto" como bem físico).

Dantas (2004, p.9) destaca algumas delas:

- **A intangibilidade**: os serviços são intangíveis; não podem ser tocados, não se pode pegá-los.
- **A inseparabilidade**: não há como prestar um serviço pela metade; um produto pode ser separado; um serviço, jamais.
- **A perecibilidade**: os serviços são altamente perecíveis, ou seja, não podem ser estocados; são consumidos na hora de sua prestação.
- **A heterogeneidade**: como os serviços são percebidos pelos que os consomem, não se pode dar o mesmo tratamento a todos; os serviços são heterogêneos, adequados a cada indivíduo.

Las Casas (1998) *apud* Dantas (2010) conceitua serviço como sendo a "transação realizada por uma empresa ou indivíduo, cujo objetivo

---
31 Marketing de Serviços. São Paulo: Atlas, 1998, p.7.
32 Atendimento ao Público nas Organizações, Dantas, Brasília, Editora SENAC, 2004, p.9.

não está associado à transferência de um bem". Todo serviço prestado deve ter alguma previsibilidade para garantir seus resultados. E mais: o serviço prestado tem, em uma execução, a participação direta do cliente. O direcionamento dado para cada cliente pode ser o diferencial para obter excelentes níveis de satisfação e encantamento.

A percepção de um cliente dos serviços é diferenciada em relação à percepção que ele tem do produto, no caso o atendimento. Ele julga a qualidade de um serviço de acordo com expectativas geradas antes de usufruir do serviço e de sua percepção no momento que vivencia. Esse momento é denominado por vários autores como o **"Momento da Verdade"**, ou seja, o momento de contato entre o cliente e a empresa. No caso a empresa seria o evento (representado pela empresa organizadora) e os clientes os participantes, onde o contato entre eles começaria desde o primeiro momento em que o participante se inseriu no ciclo de serviços do evento[33], vivenciando vários serviços e finalizando ao término do evento.

---

33 Ciclo de serviços: reunião ordenada e sequenciada de todos os "Momentos da Verdade" vivenciados por um cliente numa empresa. ALMEIDA, 1995, p.31.

Figura 13: *Ciclo de serviços adaptado para eventos (congresso).*

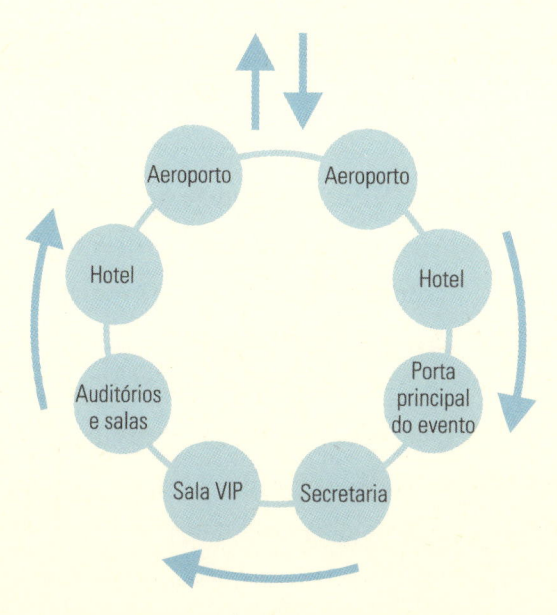

- Aeroporto
- Aeroporto
- Hotel
- Hotel
- Porta principal do evento
- Auditórios e salas
- Sala VIP
- Secretaria

Geralmente, o recepcionista de evento participa desses vários momentos da verdade. É importante refletir sobre o significado de duas palavras: expectativa e percepção. A primeira significa "esperança, fundada em supostos direitos, probabilidades e promessas". A segunda define-se como "formar ideia de"[34]. Almeida (1995) enfatiza que toda ação ou situação a ser vivida no futuro é precedida de uma expectativa, consciente ou inconsciente. A percepção é a realidade sentida e percebida por uma pessoa, é única, ou seja, cada pessoa tem a sua, depende do seu ponto de vista. A percepção que o cliente tem de um serviço pode variar entre fortemente positiva (encantamento) ou extremamente negativa (profunda decepção).

Kotler (2000, p.58) ensina que a satisfação do cliente consiste "na sensação de prazer ou de desapontamento resultante da comparação do desempenho (ou resultado) percebido de um produto em relação às expectativas do comprador". Ainda enfatiza que, por essa definição, "a satisfação é função de desempenho e expectativas percebidas". Se o desempenho

---
34 FERREIRA, Dicionário Aurélio, 1986, citado por Almeida, 1995, p.119.

não alcançar as expectativas, o cliente ficará insatisfeito. Se o desempenho alcançar as expectativas, o cliente ficará satisfeito. Se o desempenho for além das expectativas, o cliente ficará altamente satisfeito e encantado.

Daí, percebe-se a qualidade do serviço, interferindo diretamente na relação cliente-atendente. Principalmente na questão da intangibilidade. O serviço não é sentido fisicamente pelo cliente, e sim psicologicamente. Tratando de eventos, geralmente o participante/cliente cria uma expectativa positiva, trata-se de uma novidade, uma aquisição de um produto que pode lhe trazer ascensão social, profissional, status, entre outros. Geralmente, o cliente já chega ao evento com uma expectativa positiva, por isso o cuidado para atender às expectativas dele dever ser redobrado para que realmente se sinta satisfeito ao fim do evento. O grau de satisfação do cliente é importante para o alcance do objetivo maior do evento: o "sucesso".

> *Você sabia?*
>
> O atendimento aos participantes de um evento reflete diretamente no sucesso deste, onde todos os esforços desempenhados pela empresa organizadora do evento poderão ser em vão se o profissional não garantir um bom atendimento, comprometendo a imagem do evento e, consequentemente, a excelência da qualidade da empresa.

Atendimento

Anteriormente, sugerimos que não podemos padronizar o atendimento em eventos, pois se trata da relação de pessoas e cada pessoa é um ser diferente. Portanto, tem uma forma de interagir diferente. Não existe uma formula ideal para um excelente atendimento. O profissional recepcionista de eventos deve levar em conta o fator "saber cuidar", pois o que mais o ser humano leva em consideração é a demonstração de algumas atitudes de cuidado, consideração e atenção, ou seja, atitudes ativas que se deve ter ao recepcionar as pessoas em um evento. A pressa, a rotina de trabalho e a falta de atenção aos detalhes fazem, muitas vezes, que sejamos mal interpretados. É necessário relacionar fatores, tais como elegância e forma amigável, ou seja, educação e respeito.

Almeida (2001) enfatiza as primeiras atitudes ativas que se deve ter na recepção de pessoas, e que também o profissional de eventos deve considerar no atendimento nos eventos:

- Cumprimentar as pessoas com entusiasmo. Dê um "bom dia", "boa tarde" ou "boa noite";
- Sorria com sinceridade;
- Olhe nos olhos das pessoas;
- Pergunte: "Em que posso servi-lo, senhor (a)"?
- Escute as pessoas com toda atenção.

Outro fator muito importante no atendimento é a qualidade na comunicação. O profissional precisa pensar na forma como fala e se expressa no momento do atendimento. Para falar bem, é preciso tratar bem. A regra geral é educação e respeito.

- Procurar entrar em sintonia com o cliente para entender o que ele procura, usar expressões do tipo "eu entendo", "compreendo" e "se eu estivesse no seu lugar...";
- O recepcionista deve dar tempo para que o cliente explique o que deseja, mantenha uma atitude amigável e procure se expressar com um tom de voz condizente com aquilo que está dizendo;
- Ao telefone, deve atender com presteza, falar somente o necessário e encerrar a conversa cordialmente;

- Sempre deve agradecer. Se alguém faz uma gentileza, a palavra "obrigado" é muito importante. Atenção: as mulheres usam "obrigada", e os homens, "obrigado";
- Deve-se evitar gírias, termos técnicos e expressões que criam uma falsa intimidade, como "meu amor" e "querido". As formas de tratamento como "tu" e "você" devem ser apenas utilizadas com pessoas de relacionamentos de amizade e de convivência diária, nunca com clientes. Não é recomendado o uso de "madame" ou "doutor", porque pode apresentar sentidos pejorativos. A forma mais elegante de tratar é "senhor ou senhora". Doutor somente é usado quando a pessoa tem título (PhD) ou é formada em Medicina.

O recepcionista de eventos também pode vir a trabalhar em solenidades, governamentais ou empresariais, podendo vir a recepcionar pessoas públicas ou que estejam em cargos altos e importantes, quando se deve tratar da forma mais formal e cordial possível, seguindo normas protocolares.

Ao se dirigir respeitosamente a uma autoridade, você usa o "Vossa". Ex.: Vossa Excelência foi muito útil na resolução do problema. Ao se dirigir *a outra pessoa*, referindo-se àquela mesma autoridade, você usa o "Sua". Ex.: Sua Excelência, o deputado XX, foi muito útil na resolução do problema. Ao usar o pronome de tratamento como vocativo (para chamar, avisar, interpelar), dispensa-se o pronome possessivo (Vossa, Sua). Ex.: Cuidado, Excelência!

Assim, relacionamos alguns pronomes de tratamento:

- Vossa Alteza (V.A.): tratamento de príncipes, duques;
- Vossa Eminência (V. Ema.(s)): tratamento para cardeais;
- Vossa Excelência (V. Ex^o(s)): usada para altas autoridades e oficiais generais;

- Vossa Magnificência: usada no tratamento para se referir a reitores de universidades;
- Vossa Meritissíma (V. Magª(s)): forma de tratamento usada para juízes de Direito;
- Vossa Majestade (V. M.): para reis, rainhas e imperadores;
- Vossa Reverendíssima (V. Revma.(s)): forma de tratamento usada para sacerdotes e bispos;
- Vossa Senhoria (V. Sª(s)): forma de tratamento empregada para diretores de autarquais federais, estaduais e municipais e autoridades com patentes militares, exceto de coronéis a generais, para os quais se usa Vossa Excelência;
- Vossa Santidade (V.S.): para o Papa e Dalai Lama;
- Vossa Onipotência (V.O.): para Deus.

No atendimento nos eventos, o profissional precisa identificar o tipo de público que será atendido – deverá haver um padrão comportamental coerente. Por exemplo: uma solenidade oficial do governo requer um atendimento com muita formalidade, um evento esportivo requer um atendimento com menos formalidade, porém sem esquecer uma postura profissional. Também precisamos pensar no atendimento específico (de cada cliente). O profissional não deverá esquecer o critério da personalidade das pessoas como especificado acima.

Silva (2004) enfatiza que a personalidade tanto do cliente como do atendente pode influenciar no atendimento, para cada cliente um atendimento personalizado, ou seja, a história pessoal e seus valores, tanto do cliente como do atendente, podem influenciar no tipo adequado ou não de atendimento. Onde há interação de pessoas, há envolvimento de personalidades. No atendimento ideal, o que vale é saber identificar traços da personalidade do cliente através de seu comportamento expressado e, independente de qualquer situação, o atendente deve se adaptar a ele, para que, assim, o atendimento não seja prejudicado.

Figura 14: *Personalidade e atendimento*

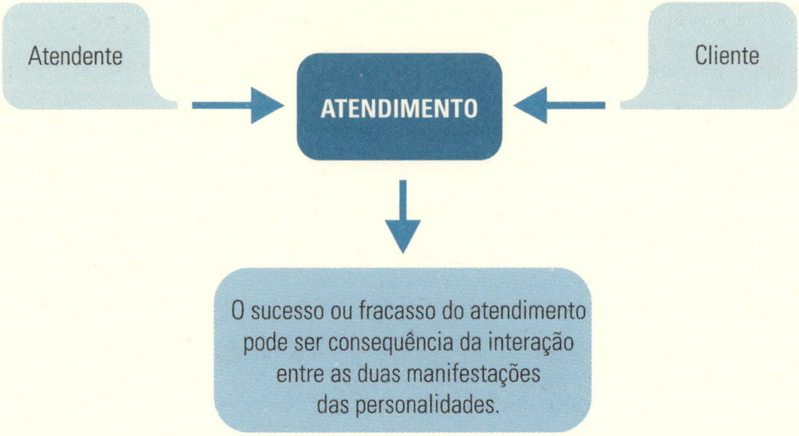

Atendente → ATENDIMENTO ← Cliente

↓

O sucesso ou fracasso do atendimento pode ser consequência da interação entre as duas manifestações das personalidades.

Fonte: *A Psicologia dos Serviços em Turismo e Hotelaria. "Entender o cliente e atender com eficácia." Silva, 2004, p.18.*

Silva (2004, p.19) enfatiza que no contexto de atendimento que envolve turismo e hotelaria, pode-se dizer que:

> "Todo turista recebedor de um tipo qualquer de atendimento reagirá conforme suas forças internas, que são resultado da formação da personalidade. Se há duas pessoas envolvidas nesse momento de atendimento, cabe ao profissional perceber qual o comportamento básico (ou mais visível) do cliente para atender de forma eficaz."

Cabe ao recepcionista perceber qual o comportamento básico (mais visível) de cada participante a ser atendido e observar alguns traços de personalidade, para tentar moldar-se a ele a fim de atender de forma eficaz.

> ### *Você sabia?*
>
> - Perceber: é adquirir conhecimentos por meio dos sentidos, conhecer, formar ideia de, notar, entender; compreender;
> - Percepção: ato, efeito ou faculdade de percepção;
> - Perceptivo: que concerne à percepção, que tem percepção fácil;
> - Perceptível: que se pode perceber.

Tipos de cliente

Eis a questão! Como o atendente pode perceber e saber fazer uma análise e interpretação da personalidade do cliente? Pode interpretar e conquistar observando a maneira como fala, seu tom de voz, suas atitudes, como emite os sinais verbais e não verbais na sua comunicação, durante o momento de interação.

Silva (2004, p. 22) apresenta alguns traços de personalidade dos clientes de turismo e hotelaria e que adaptamos para a área de eventos. Seguem alguns exemplos:

- **Reservado (frio):** aquele cliente que não sente raiva ou alegria; frio nas emoções;
- **Expansivo (afetivo, sentimental):** cliente que sente alegria, raiva, ódio, contentamento;
- **Emotivo (desestabiliza-se com facilidade):** cliente cujo seu comportamento é igual ao sentimento; pode agredir verbalmente em caso de raiva ou gritar de alegria por um brinde que tenha ganhado;
- **Amadurecido (predominantemente estável):** cliente em que o comportamento é filtrado em relação aos sentimentos; pode não demonstrar o quanto está com raiva por um erro ocorrido;

- **Sério (sisudo, carrancudo):** cliente que não sorri, não demonstra amabilidade; manifestações faciais graves ou sem expressão; fala o necessário; pode ser confundido com pessoa grosseira ao passar pela recepção e mal cumprimentar a recepcionista;
- **Alegre (descontração facial):** cliente risonho, entusiasta, faz comentários elogiosos acompanhados de expressão facial condizente.
- **Evadido (escapa):** cliente quando contrariado, desvia-se do objeto causador da contrariedade. Se por descuido quebra um copo, dirá que provavelmente o copo estava posicionado de forma errada;
- **Persistente (permanece):** cliente pode ficar durante três horas numa fila para ver uma atração a que tinha muita vontade de assistir;
- **Rude (seco, realista):** cliente que pode parecer grosseiro, até ao pedir um favor para o recepcionista;
- **Terno (simpático):** cliente que responde com amabilidade para os erros e acertos.

Independentemente dos traços da personalidade do cliente, o atendente deve estar atento para não sofrer sua influência, tendo percepção, flexibilidade e sabendo lidar com situações difíceis. Caso não tenha essa habilidade, pode acarretar prejuízo enorme em termos de satisfação do cliente e comprometer o sucesso do atendimento.

Atendimento em situações de eventos

Atender e satisfazer pessoas não é facil, em se tratando dos mais variados tipos de personalidades, principalmente no contexto de um evento, quando é natural as pessoas sempre esperarem mais. Sempre digo que é muito difícil trabalhar em eventos, porque, enquanto as outras pessoas se divertem, o profissional trabalha – e deve passar profissionalismo em todas as situações. Às vezes, podemos encontrar pessoas gentis, simpáticas e educadas, como também podemos encontrar pessoas de mau humor, mal educadas e impacientes. Isso nos leva a situações difíceis, quando se deve ter criatividade e empatia, não nos deixando levar pelas forças internas do cliente/participante no momento do atendimento, fazendo um trabalho de conquista. Assim, o resultado final será sua satisfação plena.

Mas o que fazer quando um cliente chega nervoso? Como proceder diante de um cliente mal educado? São situações difíceis para o profissional. Não se pode deixar levar pelas forças internas do participante no momento de interação. Seja mais inteligente: sorria, tenha paciência e conquiste o cliente com criatividade. Aplique a fórmula mágica:

> **Dica:**
> Ligar o campo de força!
> Pense: Ativar campo de força!.
> Isso aí não é comigo....

Relacionamos algumas situações como exemplos que são comuns em eventos como seminários e congressos, entre outros, pelas quais o profissional pode passar.

1. Quando um participante se recusa a usar o crachá?
- Seja discreto e amigo;
- Aborde a pessoa com simpatia, um bom sorriso é essencial;
- Pergunte ao participante se recebeu o crachá no momento do seu credenciamento;
- Mostre a importância do uso do crachá: procure convencer o participante que o uso do crachá é importante, pois além de facilitar

o ingresso nos ambientes do evento, facilita sua identificação e socialização no evento;
- Caso o participante tenha esquecido o crachá, acompanhe-o até a Secretaria e procure a orientação da coordenação para impressão de outro crachá;
- Agradeça a compreensão.

2. **Quando pessoas sentam nos locais marcados para as autoridades e se recusam a sair:** recomendamos muita atenção da parte da recepcionista para evitar tal constrangimento. Muitas vezes, o local está marcado por placas (autoridades ou reservado), mas não especifica exatamente quais seriam as autoridades determinadas pelo cerimonial a se sentarem. Nem todas as pessoas entendem de cerimonial.
- Aborde a pessoa com simpatia – um bom sorriso é essencial;
- Não se esqueça da cordialidade;
- Peça desculpas por não ter avisado que aquele local está destinado para autoridades determinadas pelo cerimonial;
- Procure acomodar o participante em outro local do auditório;
- Agradeça sua compreensão.

3. **Quando as pessoas insistem em conversar dentro do auditório:**
- Aborde as pessoas com discrição e simpatia;
- Mostre a elas que sua conversa está interferindo na fala do palestrante e estão expondo um assunto particular em público;
- Sugira outro local mais conveniente, onde possam discutir o assunto mais à vontade;
- Agradeça a compreensão.

4. **Quando as pessoas não aceitam a forma de organização do evento:**
   - Olhe com simpatia e carinho para o participante;
   - Deixe as pessoas falarem o que pensam sobre a forma de organização do evento;
   - Pergunte o que pode ser melhorado;
   - Mostre a importância de sua preocupação;
   - Explique o porquê da forma como o evento está sendo organizado e suas implicações.
   - Agradeça as sugestões.

5. **Quando as pessoas insistem em falar ao telefone dentro do auditório.**
   - Aborde as pessoas com discrição, simpatia e cordialidade;
   - Sugira colocar o telefone no silencioso e, quando tiver a necessidade de falar, dirigir-se a outro local.
   - Lembre ao participante que, ao falar ao telefone, ele pode interferir no bom andamento da palestra, tirando a atenção das pessoas no momento do toque da chamada, além de dar interferência nos equipamentos de sonorização e expor seus assuntos particulares para o público.
   - Agradeça a compreensão.

6. **Quando o participante se irrita porque seu nome no certificado se encontra escrito de forma errada.**
   - Deixe o participante falar.
   - Ouça com atenção e mostre compreensão para tal irritação.
   - Peça desculpas, reconhecendo a falta de atenção.
   - Anote o nome correto do participante;

- Peça ao participante que se acomode no local mais conveniente, dizendo que, após a correção, o certificado será encaminhado até ele.
- Providencie o mais rápido possível a impressão de outro certificado como o nome correto e suas respectivas assinaturas;
- Encaminhe o certificado até o local onde se encontra o participante;
- Agradeça a paciência.

Você sabia?

Pequenas atitudes levam o profissional a ter o diferencial, passar profissionalismo e agregar valor na hora do atendimento:

- Estar atento, diariamente, para o uniforme a ser usado;
- Guardar a bolsa no local previamente indicado pela coordenação;
- Usar obrigatoriamente o crachá;
- Evitar exageros de comportamentos: não gesticular, não falar alto;
- Não mascar chicletes;
- Não fumar;
- Não deixar o local de trabalho abandonado;
- Usar maquiagem discreta, manter sempre batom nos lábios (no caso das mulheres);
- Não usar acessórios que não sejam os indicados pela coordenação;
- Obedecer aos horários: chegada, saída e almoço;
- Fazer com que os clientes se sintam bem-vindos;
- Levar os problemas dos clientes a sério;
- Fazer o impossível para resolver qualquer problema;
- Mostrar aos clientes a forma como a organização pode servi-los melhor;
- Conhecer bem a sua função;
- Ser um membro do time: incorporar-se ao evento;
- Gostar daquilo que faz.

Locais de atuação do profissional e suas respectivas atribuições

O trabalho do profissional recepcionista de eventos também deve apoiar a organização, nas mais variadas situações, dependendo na necessidade requerida. Pode trabalhar em vários locais do evento, dependendo do formato e necessidades.

Na compreensão de **onde**, **quando** e **como** o profissional pode atuar, vamos usar como exemplo um congresso de abrangência nacional e de grande porte. Nesse caso, existe uma necessidade de logística e apoio em vários locais, entre eles: aeroportos e estações (rodoviária, ferroviária, portuária); entrada principal do local do evento; secretaria; salas e auditórios; sala VIP[35] ou também chamada sala do palestrante; sala das comissões técnicas; sala de imprensa; balcão de informações; e estabelecimentos de hospedagem, onde ficará grande parte dos participantes do evento. No entendimento de suas atribuições e como aplicá-las em cada situação, dividiremos as atividades por etapas: "**o antes, o durante e o depois**" para cada local de atuação.

Trabalhando em terminais (aeroportuário, rodoviário, ferroviário e portuário)

Esses locais podem ser considerados o início do ciclo dos serviços do evento, o primeiro momento da verdade, onde se formará a primeira impressão que o participante terá da cidade/sede. Tendo um grande fluxo de pessoas, esse trabalho pode ser feito também por uma agência receptiva, em parceria com as entidades promotoras e empresa organizadora do

---

35 VIP: abreviatura de Very Important Person (Pessoa muito importante). Significa uma distinção ou tratamento privilegiado concedido a pessoas importantes e especiais.

evento. Nesse caso, existe possibilidade da contratação do profissional ser por parte de uma empresa receptiva. Para desempenhar bem a função do profissional, sugerimos:

Antes da chegada dos participantes do evento no terminal

- A coordenação do evento deverá fornecer listagem dos convidados e participantes esperados no terminal, com seus respectivos horários de chegada, nomes de empresas transportadoras, número de voos, cidade de origem e relação dos estabelecimentos de hospedagem onde ficarão hospedados;
- Ter em mãos telefone celular ou rádiocomunicador de longo alcance;
- Ter algum valor em dinheiro para alguma eventualidade;
- Ter alguma identificação para os idiomas que domina;
- Ter em mão lista de informações úteis e de emergência (telefones de hotéis alternativos, pronto socorro, polícia, bombeiro, endereços de restaurantes ou lanchonetes próximas, farmácias etc);
- Ter em mão relação de nomes e telefones de contato dos coordenadores do evento.

Durante o receptivo dos participantes do evento no terminal

Os momentos de pique nesse local de trabalho são nas datas iniciais e finais do evento, ou seja, no momento da necessidade do serviço de receptivo e traslado das pessoas que se deslocaram de outras cidades para o evento. A eficiência e eficácia são características importantes no desempenhar da função. Sugerimos que, durante o atendimento, o profissional deve:

- Usar crachá de identificação com seu nome e nome do evento;
- Utilizar placa de identificação com o nome do convidado ou do evento;

- Receber os congressistas, palestrantes e convidados no terminal de desembarque;
- Distribuir material impresso somente quando autorizado pela coordenação de receptivo;
- Encaminhar os congressistas aos ônibus de traslado para hotéis e os palestrantes e convidados aos carros, de acordo com o perfil da pessoa, para que sejam levados às respectivas hospedagens ou ao local do evento;
- Manter a coordenação de transporte permanentemente informada sobre qualquer irregularidade no sistema de transporte, em situações de atrasos e cancelamento de voos;
- Caso seja necessário, fornecer informações gerais aos congressistas e palestrantes.

Depois da saída dos participantes do evento no terminal

No término das atividades, o profissional deve se dirigir à coordenação para:
- Prestação de contas das despesas de alguma eventualidade;
- Devolução das sobras do material informativo e das sobras do material e entrega de algum equipamento de comunicação, como radiocomunicadores ou aparelho celular, que tenham sido fornecidos pela empresa.

Trabalhando nas hospedagens (hotéis/pousadas):

Nos grandes eventos, como congressos, geralmente são ofertados pacotes em que a hospedagem é inclusa. A entidade promotora, junto com a empresa organizadora, pode fazer parceria com operadoras, redes de hotéis ou outros tipos de hospedagem, de acordo com o perfil das pessoas. Nos locais com previsão de maior número de pessoas, é definido um local específico no saguão, com pequena estrutura (balcão ou mesa), para melhor suporte no atendimento dos participantes do evento, orientações e informações, tais como programação, horários de transporte para as atividades do evento, informações turísticas, entre outras. Nesse caso, o profissional atuará como apoio das coordenações de transporte/receptivo e hospedagem, e deverá:

Antes da chegada dos participantes do evento nas hospedagens

- Atentar para o uniforme a ser usado;
- Usar crachá de identificação com seu nome e nome do evento;
- Verificar limpeza e organização do local de trabalho;
- Ter em mão lista de nome e telefone de contato dos coordenadores do evento;
- Verificar e organizar material a ser distribuído;
- Verificar se está tudo em ordem e solucionar os problemas que possam ocorrer entre congressistas e hotel, através da gerência do hotel; e, em última instância, com a coordenação;
- Testar radiocomunicador com a equipe.

Durante o atendimento dos participantes nas hospedagens

- Receber os congressistas nos hotéis da rede oficial;
- Distribuir material previamente definido pela coordenação geral;
- Controlar o horário de saída dos ônibus de transporte de congressistas, informando à coordenação de transporte qualquer irregularidade que ocorra;

- Prestar informações gerais (do evento e sobre a cidade) aos congressistas, encaminhando à central de informações do centro de convenções aquelas perguntas que não puderem ser respondidas;
- Lembrar aos congressistas, na saída para o centro de convenções, o uso obrigatório de crachá, sem o qual não será permitido o ingresso nas salas de palestras.
- Manter sempre contato com os demais membros da equipe.

Depois de saída dos participantes do evento nas hospedagens

Ao fim do trabalho, sugerimos:
- Entrar em contato com a coordenação do evento para prestação de contas de alguma eventualidade;
- Devolver o equipamento de comunicação (aparelho celular ou radiocomunicador) e o material informativo e de divulgação, tais como mapas da cidade e folders, programação do evento, entre outros.

Trabalhando na entrada principal

Nos congressos, o fluxo de entrada e saída de pessoas é intenso. A entrada principal é um local de grande importância, quando as pessoas ainda não sabem para onde se dirigir. As pessoas começam a observar e analisar, inciando o processo de avaliação do atendimento no local do evento. Ressaltamos a importância, nessa hora, da primeira impressão. Em um evento, geralmente o participante chega com uma expectativa alta. Se não é recebido da forma desejada, poderá começar o processo de insatisfação em relação ao evento. O profissional deve:

Antes de as pessoas chegarem ao local do evento

- Ter atenção com sua aparência (uniforme, maquiagem e cabelos);
- Usar crachá de identificação com seu nome e nome do evento;
- Além da simpatia, educação e elegância, o profissional deve estar sempre informado sobre o que vai acontecer;
- Encaminhar os participantes para os locais de acordo com suas necessidades.

Durante a recepção dos convidados no local do evento

- Ter o programa sempre à mão, assim como o mapa de todos os estandes, para receber e encaminhar cada participante conforme solicitação;
- Ter atenção e cuidado para que não se forme filas na entrada.

Trabalhando na Secretaria: é um setor-chave na realização do evento, tendo como finalidade fazer um elo entre todas as atividades. Tratando-se de um congresso e de sua complexidade, a secretaria pode ser dividida em setores. O profissional pode trabalhar na secretaria desempenhando diferentes papéis, como: informante, telefonista, digitador; ou ainda credenciando participantes, entregando material do participante e palestrante, entregando certificados, entre outras tarefas. Tudo seguindo uma rigorosa rotina e sob a orientação de um coordenador. Deve proceder:

Antes do atendimento na Secretaria

- Estar atento diariamente para o uniforme a ser usado;
- Manter-se informado sobre o que vai acontecer;
- Inteirar-se de todas as programações do evento.

O Fazer

Durante o atendimento na Secretaria

- Ajudar a evitar formação de tumultos, ajudando sempre nos setores mais congestionados;
- Manter-se sempre atento e evitar conversas ruidosas e animadas;
- Manter a secretaria limpa e organizada;
- Manter sempre a calma;
- Procurar atender sempre com rapidez, atenção e eficiência;
- Só entregar o material depois que o participante assinar a lista de entrega;
- Conferir tudo antes de entregar;
- Informar previamente ao inscrito o que ele está recebendo e que, caso perca o crachá, ele não poderá participar das atividades.

Durante o atendimento na Secretaria pode exercer a função de telefonista

- Atender e executar ligações;
- Anotar recados e transmiti-los;
- Apoiar no momento de pique;
- Conhecer a programação de cursos e palestras;
- Atender ligações informando o nome do evento.

Durante o atendimento na Secretaria pode exercer a função de digitador

- Emitir etiquetas (prioridade máxima);
- Arquivar de forma organizada as fichas para cadastro posterior;
- Manter as listas atualizadas;
- Emitir declarações, procurações, ofícios etc;
- Cadastrar novas inscrições atualizadas;
- Acessar Internet;
- Emitir certificados;

O Fazer

- Manter o banco de dados atualizado;
- Manter os arquivos claramente nomeados e feitos seus devidos *backups*.
- Entregar à coordenação, ao fim do trabalho, cópias das listagens atualizadas e os *backups* de todos os arquivos.

Esse local de trabalho geralmente é equipado por: aparelhos telefônicos, computadores com acesso à Internet, extensões para aparelhos, máquina copiadora, impressora para computador, quadro de avisos, placas de identificação para o atendimento (ex.: credenciamento e entrega de material). Pode ter também material de escritório: alfinetes, tachinhas, almofada para carimbo, borracha, lápis canetas, variados tamanhos e tipos de papel, envelopes, etiquetas adesivas, blocos para anotações, fitas adesivas, perfurador, grampeador e grampos, tesouras, pincel atômico de cores variadas etc. Material para cadastramento e entrega do participante: crachás em branco, kit do participante (bloco de anotações, pasta, caneta etc). A empresa organizadora ainda pode prodenciar caixas de papelão para embalar sobras de material na desmontagem do evento, caixa de costura e caixa de primeiros-socorros.

Depois das atividades na Secretaria (encerramento do evento)

No témino do evento, siga as orientações da coordenação para a desmontagem do setor, tais como:
- Embalar e encaixotar material administrativo e de divulgação do evento;
- Retirada de banners e placas de identificação de fácil acesso;
- Prestar contas do material de escritório, informativo e participante.

Trabalhando na Sala VIP ou Sala do Palestrante

É um local preparado e específico para as pessoas de destaque no evento, oferece uma mobília confortável e decoração requintada. Esse ambiente geralmente é dotado de amenidades (café, água, snaks etc) e equipamentos como computadores e impressoras. Ainda é um espaço que permite um melhor entrosamento com os demais palestrantes e promotores do evento. O profissional recepcionista deve:

Antes do atendimento das pessoas "VIPs" e palestrantes
- Verificar a limpeza e organização da sala;
- Verificar com a coordenação o abastecimento de água e café, caso sejam disponibilizados pela organização do evento;
- Organizar material informativo;
- Ter em mão listas dos possíveis palestrantes do dia, caso disponibilizada pela organização;
- Verificar climatização e testar equipamentos disponibilizados na sala.

Durante o atendimento das pessoas "VIPs" e palestrantes
- Ter em seu poder todo o material informativo do evento;
- Manter a sala limpa e organizada;
- Auxiliar o garçom de modo que nada falte;
- Tratar todos de forma muito gentil, educada e polida;
- Atender às solicitações das pessoas/convidados;
- Encaminhar as autoridades aos locais solicitados.

Os possíveis equipamentos e materiais utilizados nesse local são: aparelhos telefônicos, computador com acesso à Internet (para uso dos palestrantes), impressoras, quadro para avisos e informações, material de escritório, entre outros.

Depois das atividades na Sala "VIP", no encerramento do evento

Ao fim do evento, o profissional encarregado pelo local deverá procurar orientações da coordenação no apoio à desmontagem do evento, prestando conta e embalando os objetos pequenos e leves, assim como observar se não foi esquecido nenhum objeto dos convidados/palestrantes na sala, para ser entregue à empresa de eventos.

Trabalhando na Central de Informações

É um espaço comumente ofertado nos eventos de grande porte. Um local especialmente destinado para prestar informações aos participantes dos eventos. Equipado de guarda-volumes para achados e perdidos, Internet, telefonia, rádios e sistema de som, mapas, listas de telefones e toda a programação do evento. Sugiro ao recepcionista:

Antes do atendimento
- Verificar a limpeza e organização do local;
- Ter em mão material informativo do evento e da cidade;
- Testar equipamentos de sonorização.

Durante o atendimento
- Prestar informações gerais aos congressistas;
- Operar serviços "achados e perdidos";
- Operar sistema de som para localizar pessoas, anotando todos os dados fornecidos pelos congressistas.

Depois das atividades (encerramento do evento)

Ao fim do evento, o profissional deve recolher todo o material informativo, material de escritório, como objetos achados sem que seus proprietários tenham sido identificados, prestando contas para a coordenação do evento.

Trabalhando em estande

Nos eventos, é criada uma estrutura física com ambientes distintos, tanto para a demonstração como para a comercialização, e que geralmente funciona em todo horário comercial da feira. Em cada turno, é selecionada uma equipe composta por recepcionistas e consultores, sendo que a contratação do profissional recepcionista de eventos geralmente é feita pela empresa interessada em expor seus produtos e divulgar sua marca no evento. Dentre as várias funções do recepcionista, podemos destacar:

- Atendimento ao fluxo de visitantes;
- Demonstração do produto a ser comercializado;
- Encaminhamento à sala de comercialização.

Para realizar um bom atendimento no estande, o recepcionista deve estar atento a algumas regras:

Antes do atendimento

- Cumprir com o horário de chegada estabelecido pela coordenação;
- O profissional deverá, obrigatoriamente, utilizar o uniforme completo cedido pela empresa contratante para desempenhar suas funções no estande. O uniforme deverá estar sempre limpo e impecável;
- Verificar a limpeza e arrumação do estande;
- Organizar material informativo;

- Verificar com a coordenação o abastecimento de água e café, caso sejam disponibilizados pela organização do evento.

Durante o atendimento

- Durante o horário de trabalho, o recepcionista deverá ocupar suas funções nos locais determinados e permanecer neles durante todo o expediente;
- Não é conveniente a permanência do profissional em local que não seja o seu posto de trabalho, principalmente na sala destinada ao fechamento de contratos;
- No convívio diário do estande, deverá ser mantida, entre a equipe de recepcionistas e os demais profissionais, uma relação extremamente profissional;
- O serviço de recepção exige da equipe, além do atendimento primoroso, conhecimento do produto (geralmente cedidos pelos responsáveis e membros da empresa contratante);
- Atender a todos com simpatia, educação e atenção.

O material e equipamentos utilizados nesse local são variáveis de acordo com as necessidades da empresa que está expondo seus produtos no evento.

Depois das atividades do evento (encerramento do evento)

- Procure prestar conta do que ficou sob sua responsabilidade;
- Ofereça ajuda para a demontagem do estande, embalando os objetos e produtos ulitizados durante o evento.

Trabalhando na Sala de Imprensa

É um local destinado a recepcionar a imprensa e fornecer informações do evento. Deve ser equipado para atender às necessidades dos profissionais da área. Geralmente, é mobiliada com mesa de reuniões e cadeiras para realização de entrevistas, máquina copiadora, linhas telefônicas, Internet, press-kit (material do evento, fotos, programa, folhetos, briefing, relação de autoridades, convidados e palestrantes), material administrativo (grampeador, furador, corretivo, lápis, caneta etc), material de divulgação do evento e material do participante. O recepcionista de eventos deverá:

Antes do atendimento
- Chegar ao local de trabalho no horário estabelecido pela coordenação;
- Verificar a organização e limpeza da sala;
- Organizar material informativo do evento;
- Providenciar material de escritório;
- Verificar com a coordenação o abastecimento de água e café, caso sejam disponibilizados pela organização do evento.

Durante o atendimento
- Manter a sala limpa e organizada;
- Controlar a entrada das pessoas;
- Receber jornalistas, palestrantes e convidados e encaminhar para a equipe de assessoria de imprensa;
- Apoiar no momento de entrevistas, tais como fornecimento de material administrativo e informativo do evento;
- Auxiliar o garçom de modo que nada falte, como água e café.

Depois das atividades (encerramento do evento)

No término das atividades do evento, o profissional deve apoiar da melhor maneira possível na desmontagem do ambiente em que trabalhou, buscando informações com a coordenação. Eis algumas sugestões:

- Verifique se não foi esquecido nenhum objeto na sala;
- Retire banners de peso leve e de fácil acesso;
- Procurer embalar todo o material de escritório;
- Confira copos, xícaras e utensílios utilizados na sala;
- Embale as sobras do material informativo;
- Preste conta de todo o material fornecido na coordenação.

Trabalhando nas Salas das Comissões Técnicas

É necessário um espaço para discussões, votação e aprovação de determinados aspectos das comissões técnicas do evento. Estas geralmente são formadas por: presidente, secretário e relator. Esse ambiente geralmente é estruturado para pequenas reuniões, podendo conter: aparelho de fax, aparelhos telefônicos, computador para uso da comissão técnica, extensões para aparelhos, flip-chart, impressora para computador, laser pointer, TV, telão para projeção (fixos ou móveis), quadro branco, urna para votação etc. Cabe ao profissional recepcionista de eventos:

Antes do atendimento

- Estar atento para o uniforme a ser usado;
- Cumprir horário de chegada;
- Verificar limpeza e organização da sala;
- Testar equipamentos;
- Verificar climatização da sala;

- Verificar com a coordenação o abastecimento de água e café, caso sejam disponibilizados pela organização do evento;
- Providenciar material de escritório e informativo do evento.

Durante o atendimento

- Controlar a entrada das pessoas autorizadas;
- Manter a sala limpa e organizada;
- Receber as pessoas integrantes das comissões de trabalho a serem realizados;
- Apoiar no momento dos trabalhos, tais como providenciar material administrativo e demais solicitações;
- Auxiliar o garçom de modo que nada falte, como água e café.

Depois das atividades (encerramento do evento)

O profissional encarregado pelo local deverá procurar orientações da coordenação no apoio da desmontagem do evento, prestando conta do que ficou sob sua responsabilidade.

Trabalhando nas salas e auditórios

Dependendo do número de pessoas e objetivo dos trabalhos a serem realizados, os espaços e a infraestrutura de apoio operacional são pensados da melhor maneira possível. Nesses ambientes, podem ocorrer vários tipos de eventos, de acordo com a programação. Tendo como referencial o exemplo de um congresso, pode constar em sua programação: palestra, reunião, mesa-redonda, painel, solenidade, entres outros. Várias atribuições são estabelecidas para o recepcionista. O trabalho em equipe é fundamental, devendo: recepcionar convidados e participantes, apoiar a organização do evento e o palestrante no momento de sua apresentação e auxiliar a equipe do cerimonial em caso de solenidades.

Antes das atividades o profissional deve:

- Assumir sua posição no local do evento antes do início das atividades;
- Manter-se informado sobre o que vai acontecer;
- Conferir limpeza e organização da sala;
- Confirmar quantidades de pessoas *versus* cadeiras na mesa e quantidade pessoas na sala;
- Checar luzes;
- Verificar fornecimento de água durante a solenidade para palestrantes e autoridades;
- Recepcionar os participantes e palestrantes;
- Controlar a entrada de pessoas de acordo com lista de presença dos participantes;
- Manter programação e lista de telefones úteis à mão;
- Conferir *check list*[36] de equipamentos da sala e testá-los juntamente com o técnico.
- Caso haja necessidade, montar a mesa da solenidade.

A cada dia, a tecnologia dos equipamentos de projeção e sonorização avança, sendo difícil acompanhar. Os possíveis equipamentos utilizados nesses espaços são: data show; extensões para aparelhos, filmadora, flip-chart; laser pointer; mesa completa para som; mesas (pranchões de diversos formatos e tamanhos para atender a cada tipo de evento); microfones de tipos e modelos diferentes (microfone com pedestal, sem

---

36 *Checklist*: palavra em inglês, considerada um americanismo que significa "lista de verificações".

fio, de lapela etc); TV/DVD; telão pra projeção (fixos ou móveis); painéis de LED; púlpito (tribuna feita geralmente de madeira ou acrílico, muito utilizada em cerimônias formais); sistema de sonorização ambiental e cabine (principalmente para ser usado nas palestras); sistema de tradução simultânea (cabine, microfone e antenas, para tradução no ato, com tradutor ou tradução com fio ou sem fio em cabines); sistema de videoconferência com transferência via Internet; urna para votação; e prismas (suportes em forma de prisma, geralmente de acrílico para demarcação e fixação dos nomes dos convidados e autoridades).

Montagem da Mesa de Honra

Ainda no exemplo de congressos, eles podem conter em sua programação momentos solenes, tais como a solenidade de abertura. Para esse momento, é programada uma composição da mesa de honra por autoridades, que pode ser composta por anfitrião, autoridades, homenageados e personalidades, levando em consideração a relação dessas pessoas com o evento. Caso haja necessidade, o profissional recepcionista de eventos pode vir a montar a mesa das autoridades. Essa tarefa deve ser orientada por parte da equipe do cerimonial, cabendo as seguintes tarefas:

Antes de tudo:

- Organizar as cadeiras da mesa;
- Verificar a quantidade de pessoas na mesa e garantir que nada faltará a nenhum deles;
- Testar os microfones de mesa e do púlpito;
- Informar-se com o cerimonial a quantidade e os nomes das pessoas na mesa, no caso de solenidade;

- Providenciar material informativo (programação), bloco de papel e caneta para cada lugar da mesa;
- Marcar os lugares das autoridades com placas de identificação (prismas) de acordo com os critérios de precedência orientados pelo cerimonial;
- Providenciar papéis, canetas e programação do evento para que estejam sempre à disposição dos palestrantes;
- Auxiliar o garçom de modo que nada falte, como água e café.

> *Você sabia?*
>
> A mesa de honra poderá ser em diferentes planos: a mesa principal com as maiores autoridades presentes e a primeira fila de cadeiras do plenário como plano dois, para outras personalidades.

Composição de Mesa de Honra

Para marcar os lugares na mesa com seus respectivos prismas, o profissional deverá entender em primeiro lugar a forma de composição da mesa diretiva ou mesa de autoridades, que segue uma sequência de raciocínio. Pode ser feita a partir do centro da mesa, observando se o número de lugares da mesma é par ou ímpar.

- Quando for par

Figura 15: Mesa de honra quando o número de pessoas for par

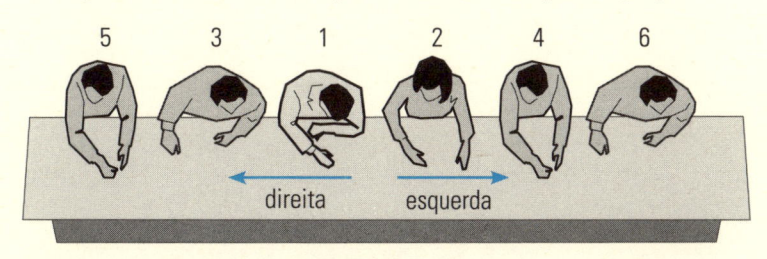

Quando o número de lugares de uma mesa diretiva for par, não há um lugar que possa dividir a mesa em dois. Deve-se imaginar o ponto onde fica o centro da mesa e, a partir daí, fazer a colocação das autoridades, lembrando sempre que a autoridade mais importante fica à direita do ponto central imaginário da mesa, e a segunda fica à esquerda. As demais pessoas mais importantes seguirão o mesmo padrão, ficando a terceira à direita da primeira e a quarta à esquerda da segunda, e assim sucessivamente.

Atenção: considera-se direita e esquerda estando por trás da mesa, ou seja, olhando para o público.

- Quando for ímpar

    Figura 16: *Mesa de honra quando o número de pessoas for ímpar.*

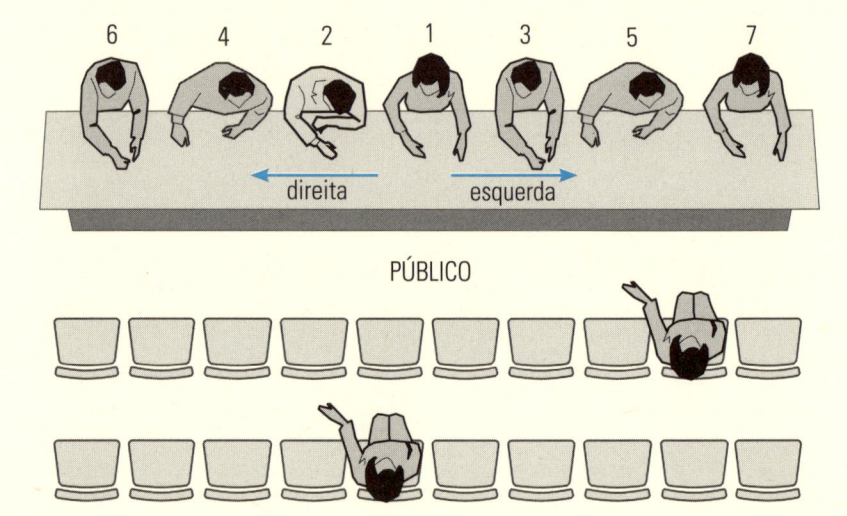

Quando o número de lugares de uma mesa diretiva for ímpar, deve-se imaginar o ponto onde fica o centro da mesa e fazer a colocação da autoridade mais importante. À sua direita, ficará a segunda pessoa mais importante e, à sua esquerda, a terceira, e assim sucessivamente.

Atenção: considera-se direita e esquerda estando por trás da mesa, ou seja, olhando para o público.

A ordem de colocação dos prismas (placas de identificação das autoridades) é feita de acordo com o estabelecimento de lugares das autoridades na mesa da solenidade. É baseada na ordem de precedência[37] de autoridades, estabelecida pela equipe do cerimonial[38], que é baseada nas normas protocolares[39] do Decreto Lei 70.274 de 9 de Março de 1972. Deve se observar os seguintes critérios para composição da mesa de honra:

- O centro da mesa será ocupado por quem presidirá a solenidade;
- O lugar à direita do presidente é o lugar de honra em qualquer solenidade e será preenchido pela maior autoridade presente;
- No lugar à esquerda, senta-se a segunda maior autoridade;
- O homenageado senta-se à direita da maior autoridade;
- A terceira maior autoridade à esquerda. Daí para frente pode-se mesclar os componentes para os lugares à direita e à esquerda.

Durante as atividades no auditório

O profissional pode:
1. Recepcionar os convidados;
2. Recepcionar e apoiar os palestrantes;
3. Auxiliar nos momentos das perguntas;
4. Auxiliar a equipe do cerimonial.

1. Recepcionando os convidados deve:
- Cumprimentar as pessoas dando boas-vindas;

---

[37] Precedência: o direito de ocupar, em eventos oficiais, o lugar mais honroso, de acordo com os cargos, as posições hierárquicas e o papel de cada um no evento. É o que precede, o que vem antes.
[38] Cerimonial: conjunto de formalidades que se deve seguir em um ato solene ou uma festa pública.
[39] Protocolo: conjunto de normas e procedimentos que se deve respeitar em cerimônias públicas; formalidade.

- Controlar a entrada de pessoas de acordo com a listagem fornecida pela organização;
- Conduzir as pessoas para os lugares, conforme solicitação;
- Estar atento à porta e evitar movimentação.
- Atender às solicitações da plateia.

2. Recepcionando e apoiando o palestrante deve:

- Dar boas-vindas aos palestrantes, dizer seu nome, ouvir as necessidades de apoio;
- Colocar-se à disposição do palestrante para operar equipamentos;
- Combinar anteriormente com o palestrante detalhes sobre a iluminação durante a apresentação e controlá-la, conforme o combinado;
- Auxiliar no momento das perguntas;
- Entregar ao palestrante o certificado de participação do evento, caso seja dada a orientação pela coordenação;
- Devolver o material do palestrante organizado, conduzi-lo à sala VIP e agradecer a presença dele.

3. Auxiliando no momento das perguntas

Nos eventos como palestras, conferências, mesa-redonda, entre outros, é aberto um espaço de tempo para perguntas. É a oportunidade que se dá para a plateia tirar suas dúvidas e interagir com os oradores. A organização do evento, junto com o cerimonial, é quem determina a forma que serão feitas as perguntas, podendo ser por escrito ou oralmente (utilizando o microfone). Nesse momento, o trabalho em equipe é fundamental. Sugiro que se definam lugares estratégicos e discretos, para o posicionamento dos recepcionistas, a fim de que todos possam vê-los para um bom atendimento. Veja as figuras abaixo:

Figura 17: Técnicas e procedimentos para perguntas por escrito:

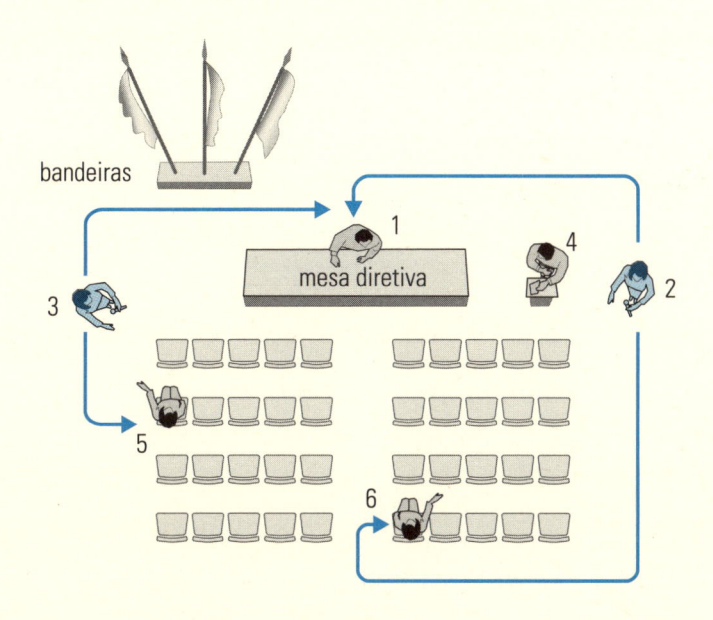

① Coordenador de mesa ou moderador
② Recepcionista 1
③ Recepcionista 2
④ Mestre de cerimônias
⑤ Participante 1
⑥ Participante 2

Perguntas feitas por escrito: o participante recebe, junto com seu material, blocos de anotações ou papéis destinados para elaboração de perguntas. Ele destaca e solicita ao recepcionista que encaminhe para o palestante. Atendendo à solicitação, caminha de forma discreta, dirigindo-se ao moderador ou coordenador de mesa, que fará a seleção das perguntas, dividirá em blocos de assuntos e encaminhará para o palestrante no momento destinado às perguntas.

O Fazer

Figura 18: *Técnicas e procedimentos para perguntas feitas oralmente:*

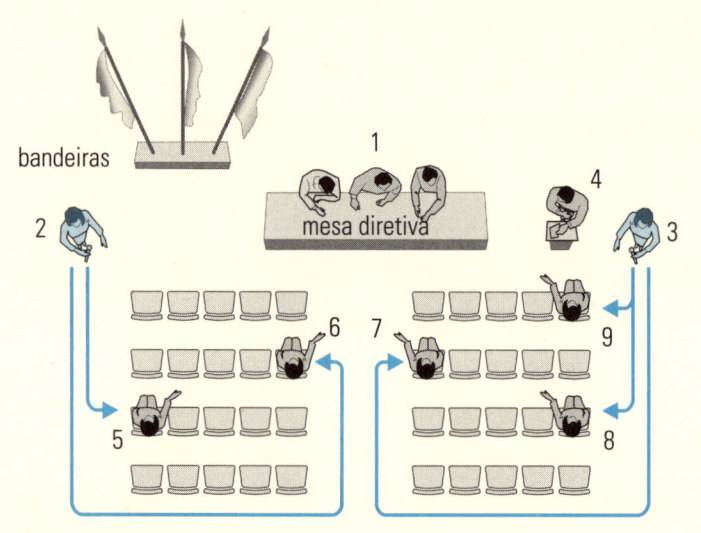

① Coordenador de mesa ou moderador/palestrantes
② Recepcionista 1
③ Recepcionista 2
④ Mestre de cerimônias
⑤ Participante solicitante 1
⑥ Participante solicitante 2
⑦ Participante solicitante 3
⑧ Participante solicitante 4
⑨ Participante solicitante 5

Perguntas feitas oralmente: as pessoas solicitam o microfone no momento que se abre para perguntas. De acordo com a ordem de pedidos, o recepcionista leva o microfone até o local, entregando para a pessoa que deseja fazer a pergunta. Espera até que a pergunta seja finalizada. Recebe o microfone e já se dirige para outra pessoa solicitante. Esse processo exige do profissional muita atenção e precisão, para que a ordem das solicitações de perguntas seja obedecida de maneira eficaz.

Outros formatos de mesas de auditórios e seus procedimentos de técnicas de recepção

Além do modelo convencional apresentado nos exemplos das figuras anteriores, na demonstração dos procedimentos do recepcionista no auxílio ao momento das perguntas no auditório existem outras formas que são adotadas: o modelo de plateia (auditório) em formato de leque, também chamado "espinha de peixe" e o modelo em "V", adotado em auditórios planejados para debates.

Modelo de auditório em leque

Também chamado de espinha de peixe, tem vantagens por permitir ao palestrante locomover-se no espaço central, debatendo e respondendo às questões abordadas, além de oferecer melhor visão para as pessoas sentadas.

Figura 19: Modelo de auditório em leque ou "espinha de peixe"

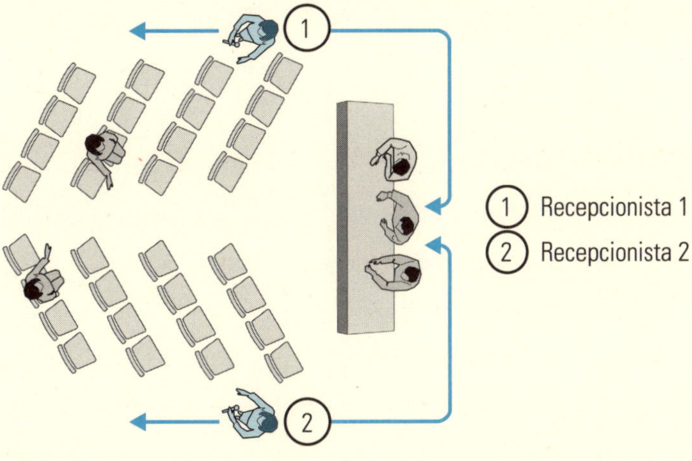

① Recepcionista 1
② Recepcionista 2

Os procedimentos do recepcionista são os mesmos do modelo de auditório convencional.

Formato de mesa em "V"

É outro tipo de formato de mesa usado nos ambientes de auditório, quando o evento apresenta caráter de debate com participantes do mesmo nível. Apresentadores e organizadores posicionam-se na mesa central.

Figura 20: Formato de mesa em "V".

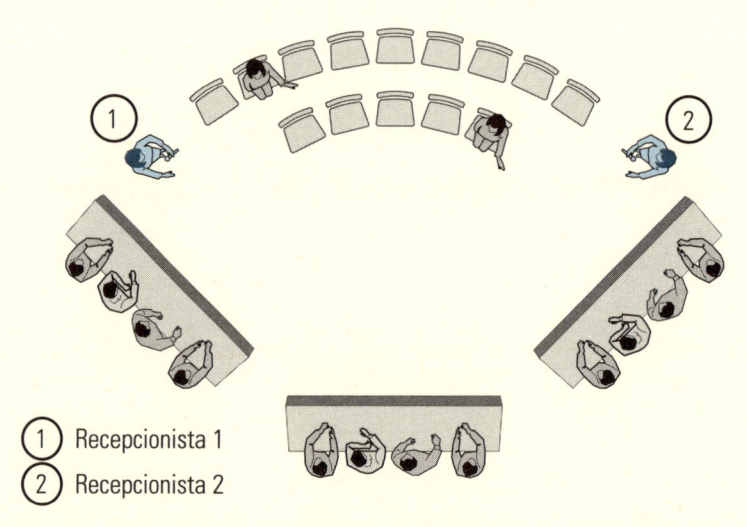

① Recepcionista 1
② Recepcionista 2

Nem sempre os debates são abertos para perguntas e o trabalho do recepcionista é mais direcionado a dar apoio à mesa dos debatedores e à mesa dos convidados. E, eventualmente, na plateia.

> **Você sabia?**
>
> Dependendo do tamanho e da necessidade do evento, é variável o número de profissionais trabalhando dentro do auditório. No caso de um auditório muito grande e com número elevado de pessoas, os recepcionistas devem se postar em lugares estratégicos para que todos possam ser atendidos, levando em consideração a discrição e o acesso à visão de todas as pessoas. Deve ter o cuidado de:
>
> - Transitar no ambiente de forma discreta, evitando passar pela frente da mesa;
> - Não se encostar às paredes;
> - Posicionar-se de forma discreta, para que todos possam localizar o profissional, sem impedir a visão da apresentação;
> - Evitar comer e mascar chicletes;
> - Não se distrair com a apresentação, esquecendo os presentes.

4. Auxiliando a equipe do cerimonial em caso de solenidades

Toda solenidade é planejada obedecendo a uma sequência lógica de procedimentos com uma pauta (*script*[40]) preestabelecida. A pauta é o roteiro da cerimônia, é o que orienta o desenvolvimento do trabalho do mestre de cerimônias. Em muitas situações do evento, o profissional recepcionista que trabalha no auditório pode atuar auxiliando o cerimonial durante as solenidades, portanto, procure informações com o mestre de cerimônias sobre a pauta da solenidade e combine alguns procedimentos que devem ser feitos durante a solenidade. Trabalhar com cerimonial é trabalhar em equipe.

---

40 *Script*: texto com uma série de instruções escritas para serem seguidas.

Antes de tudo, deve se levar em consideração algumas regras protocolares:
- O protocolo oficial determina que se inicie a solenidade após a chegada da pessoa mais importante;
- A ordem de chamada das autoridades para compor a mesa é da maior autoridade para a menor autoridade;
- A ordem de fala é da menor para a maior autoridade, que encerra a solenidade.

Auxiliando a equipe do cerimonial, o profissional em conjunto com o mestre de cerimônias pode atuar nas seguintes situações:
- Recepcionando as autoridades e encaminhando-as para os lugares na plateia (as primeiras filas), que foram reservados pelo cerimonial;
- Direcionar as autoridades para seus respectivos lugares na mesa no momento em que o mestre de cerimonias estiver convidando as autoridades para a mesa de honra, posicionando-se de forma que sinalize para que a autoridade saiba onde é seu lugar;
- Auxiliar a equipe do cerimonial no atendimento às solicitações das autoridades;
- Auxiliar o garçom de modo que não falte água na mesa;
- Auxiliar no repasse de microfones para as autoridades que foram escolhidas pelo cerimonial para pronunciamentos;
- Auxiliar na condução e entrega dos objetos (bandejas, fitas, medalhas, tecidos para cobertura de placas etc) necessários no ato solene.

Depois do evento

No momento em que finaliza todas as atividades no auditório, o profissional deve ajudar na desmontagem do evento. Seguem algumas sugestões:

- Verificar se não foi deixado nenhum objeto no auditório;
- Procurar deixar a mesa limpa e sem papéis (rascunhos e material informativo do evento);
- Conferir equipamentos e material de acordo com o *check-list* fornecido pela coordenação;
- Devolver a lista de inscritos fornecida pela organização para o controle de entrada das pessoas.

Outras situações, tipos de formatos de mesa e os respectivos procedimentos na atuação durante o evento

Existem vários modelos de mesa para cada situação de evento. Cabe ao profissional recepcionista entender a forma de organização das mesas e associar a dinâmica dos trabalhos a serem realizados, escolher a melhor forma de se posicionar e, assim, atender com qualidade. A seguir, apresentaremos alguns exemplos e sugestões de como o profissional poderá atuar no exercício de suas atribuições.

As mesas utilizadas nos eventos poderão ser redondas, retangulares ou quadradas: As mesas redondas podem ser usadas em reuniões com pequeno número de participantes de nível equivalente, para abordagem de assuntos menos polêmicos, favorecendo um ambiente cordial e sóbrio. Também são recomendadas para eventos com maior número de pessoas, principalmente eventos gastronômicos, permitindo a colocação de oito a dez pessoas a seu redor, proporcionando melhor aproveitamento do espaço e maior socialização. As mesas quadradas ou retangulares obedecem a padrões tradicionais e composições identificadas pelas letras I, T, U, e E, sendo:

- Disposição de mesa em "**I**": média de 30 a 40 pessoas;
- Disposição de mesa em "**T**": média de 40 a 50 pessoas;
- Disposição de mesa em "**U**" ou "**E**": média de 50 pessoas.

A mesa em formato de "I"

A montagem desse tipo de mesa é muito utilizada para jantar formal, exigindo certas regras e cuidados essenciais, principalmente quando há lugares marcados, em caso de eventos diplomáticos e/ou oficiais. Nesse tipo de evento, os lugares são fixados de acordo com a precedência protocolar. Para jantares informais, principalmente aqueles que recepcionam na própria residência, onde todos são amigos e do mesmo nível hierárquico, a colocação dos cartões com os nomes dos convidados não será necessária. Nesses casos, o jantar geralmente é precedido por um coquetel, momento destinado para recepção dos convidados. Sugiro que o profissional proceda da seguinte forma:

- Auxiliar na recepção dos convidados, juntamente com os anfitriões;
- Acomodar os convidados até o momento do jantar;
- Auxiliar o garçom de modo que nada falte ao convidado;
- Encaminhar os convidados para a sala de jantar;
- Apoiar a organização do evento em qualquer eventualidade.

Caso seja um jantar formal e com um número elevado de pessoas, o recepcionista deve auxiliar o cerimonial da seguinte forma:

- Entregando o cartão de braço para os convidados, à medida em que forem chegando. No cartão, consta o nome da pessoa e a indicação do seu lugar à mesa.
- Acompanhar às pessoas à mesa, onde existe em cada lugar um cartão de mesa, marcando o lugar do convidado. O cartão está localizado logo acima dos talheres de sobremesa, encaixados em um porta-cartão.

As mesas colocadas em forma de "I" poderão ser dispostas em duas modalidades. A primeira, mesa imperial (também chamada mesa francesa); e a segunda, chamada de mesa inglesa.

Figura 21*: Mesa Imperial ou Francesa e sugestões de procedimentos de recepção.*

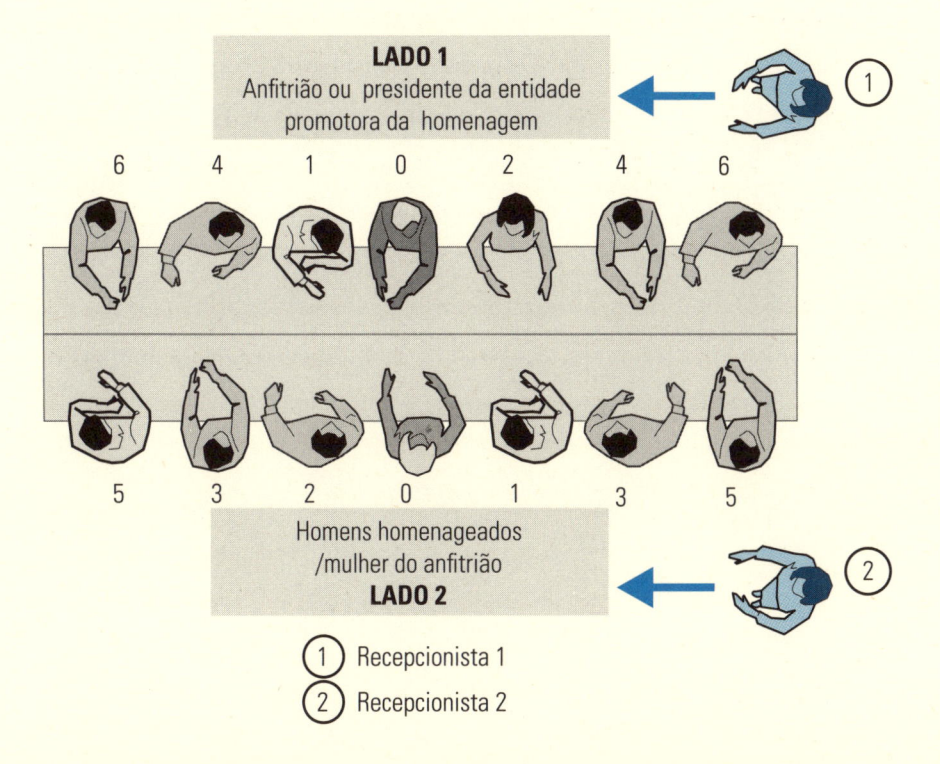

LADO 1
Anfitrião ou presidente da entidade promotora da homenagem

6 4 1 0 2 4 6

5 3 2 0 1 3 5

Homens homenageados /mulher do anfitrião
LADO 2

(1) Recepcionista 1
(2) Recepcionista 2

Conforme a firgura acima: os anfitriões ou autoridades principais ocupam os lugares centrais, um na frente do outro, e os demais convidados são distribuídos a partir da sua direita. O número 0 será ocupado pelo homenageado e pelo presidente da entidade promotora da homenagem ou anfitrião. Se o evento contar com a presença de autoridade relevante, ela será colocada à direita do anfitrião. Entretanto, se o evento for uma homenagem, a pessoa homenageada ocupará esse lugar e a autoridade ou representante da entidade relevante será deslocado à esquerda do anfitrião. Os demais convidados serão dispostos em ordem decrescente de importância.

Nesse formato de mesa, a melhor forma de os profissionais recepcionistas se posicionarem é em cada lado da mesa, devendo cada um atender às solicitações das pessoas. Isso não significa que essa forma de trabalho não pode ser modificada. O importante é que o profissional saiba trabalhar em equipe. De acordo com a figura 21, o recepcionista 1 procura atender às solicitações do lado 1 e o recepcionista 2, às soliticitações do lado 2.

A mesa Imperial ou Francesa também pode ser montada com duas mesas separadas, caso tenha um número maior de convidados e pouco espaço. Os anfitriões, homenageados ou autoridades principais são distribuídos em cada mesa, ocupando a posição central, e os demais são colocados à direita e à esquerda, sucessivamente.

Figura 22: *Mesa Imperial ou Francesa montadas com duas mesas separadas e sugestões de procedimentos de recepção.*

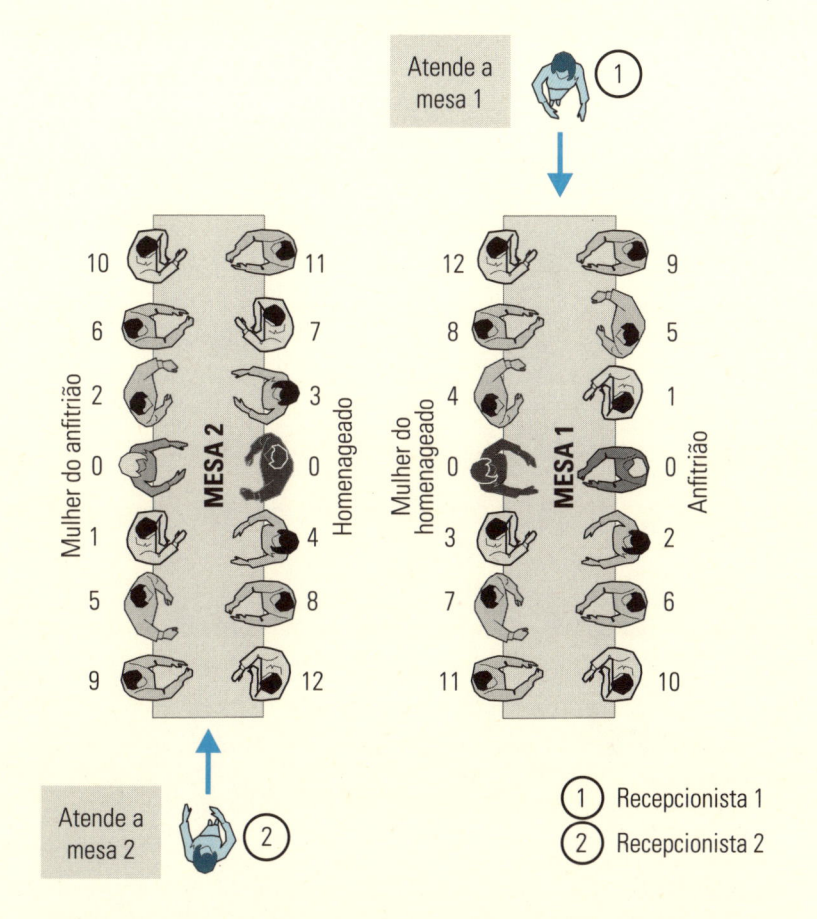

A segunda mesa em formato de I é chamada de Mesa Inglesa. O ponto de partida para a determinação dos locais são as cabeceiras da mesa, destinadas aos anfitriões. Daí, inicia-se a demarcação dos lugares dos convidados de acordo com a precedência dos casais. Outra situação onde é utilizado esse formato de mesa é em reuniões de empresas.

Figura 23: Mesa Inglesa e sugestões de procedimentos de recepção

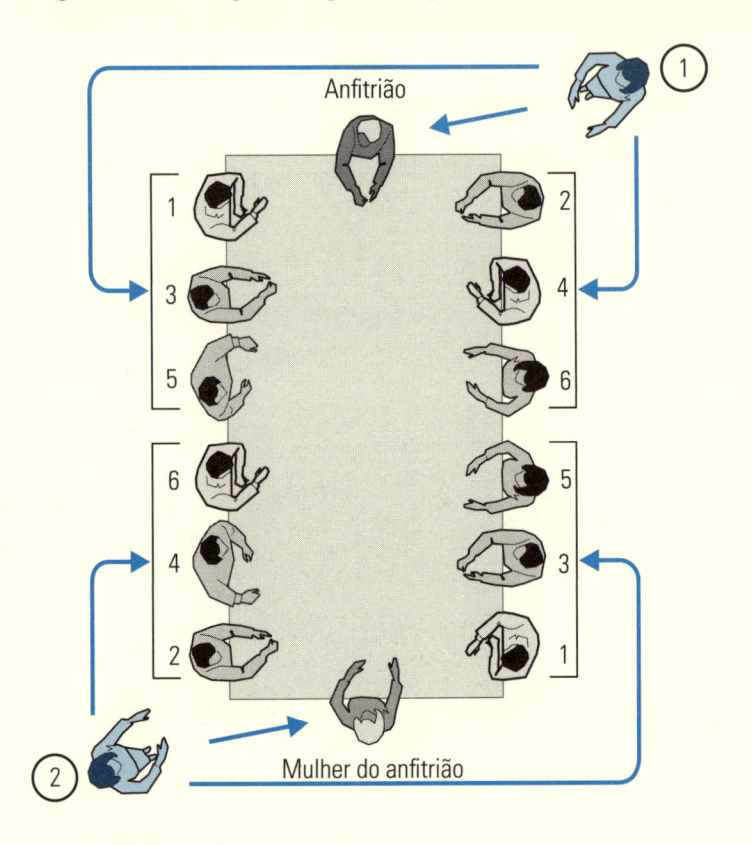

Mesa em formatato de T: a disposição das mesas em forma de T é usada geralmente quando o tema do evento é abordado por diversos palestrantes ou especialistas de nível equivalente, para um público específico e reduzido. Na figura acima, para o trabalho de recepção, sugiro dividir a mesa em dois lados, sendo as cabeceiras o refencial. Em cada lado, o profissional se posiciona estrategicamente perto das cabeceiras, onde deverão estar sentados os anfitriões. Assim sendo, pode atender melhor às solicitações. Não esquecendo sempre de atender pelo lado direito da pessoa que está sentada. O profissional 1 trabalha atendendo o lado do anfitrião, e o profissional 2 trabalha atendendo o lado da mulher do anfitrião.

Mesa em formato de "T"

A mesa em formato de T é muito usada para jantares, audiências e reuniões. Facilita a acomodação de um maior número de pessoas do que a mesa em formato de I. Ideal para destacar pessoas da diretoria, que ficam sentadas na parte superior da mesa.

Figura 24: Mesa em T e sugetões de procedimentos de recepção.

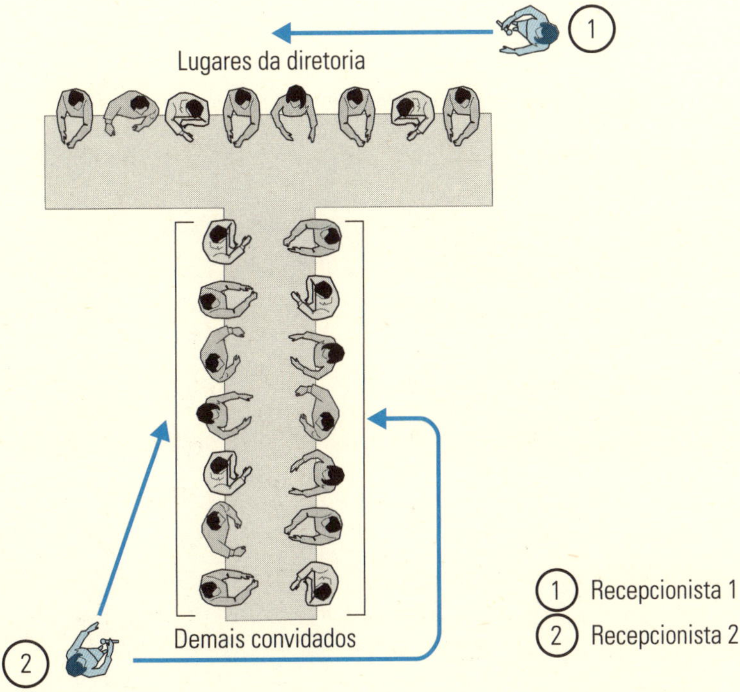

Servindo como exemplo, escolhemos dois profissionais para o atendimento desse tipo de mesa. Pensando em uma estratégia de atendimento às solicitações, escolhemos as posições dos profissionais de acordo com a figura acima, mas essa é regra flexível, tendo cada evento uma necessidade diferente do número de profissionais e seu posicionamento. Observe as setas da figura acima e verifique as sugestões de atendimento de cada recepcionista. O recepcionista 1 atende as pessoas convidadas e o recepcionista 2 a equipe da diretoria. Lembrando-se de ser discreto ao transitar na sala e, ao atender as pessoas à mesa, posicionar-se pelo lado direito do solicitante.

Mesas em formatos de "U"

A figura em formato de "'U" pode ser usada em eventos que não tenham disponibilidade de espaços e que não tenham necessidade de projeção. Geralmente, é usada em jantares.

Figura 25: Mesa em U e sugestões de procedimentos de recepção

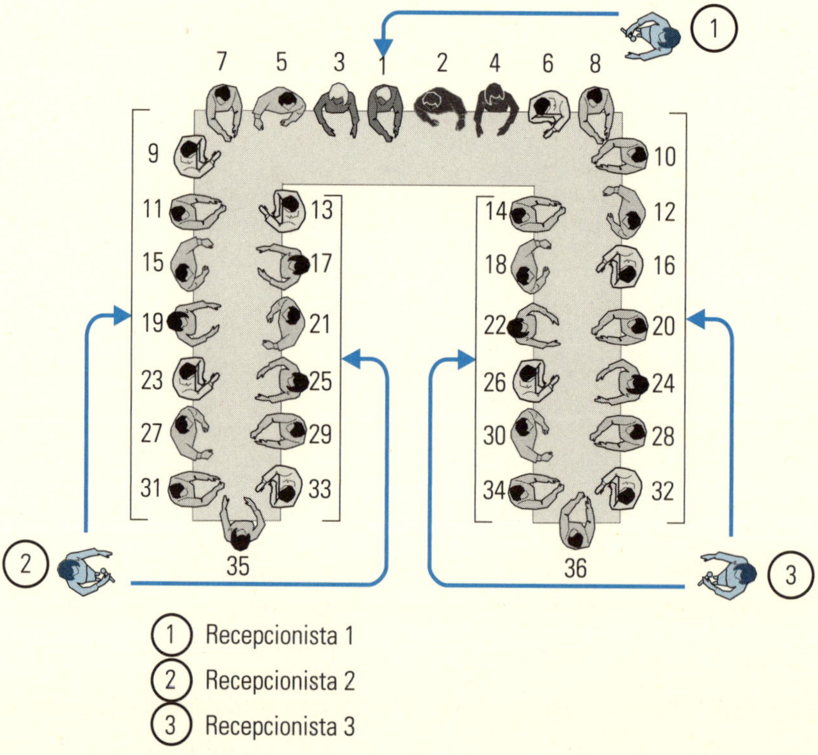

① Recepcionista 1
② Recepcionista 2
③ Recepcionista 3

Na figura acima, sugerimos outra forma de posição e atendimento, sendo: o recepcionista 1 quem atende às solicitações da parte de cima da mesa; o recepcionista 2 quem atende às do lado direito; e o recepcionista 3, às pessoas do lado esquerdo. Ressalto que, nesta figura, o profissional pode transitar na parte interna da mesa.

A disposição a seguir é utilizada principalmente para seminários, pois facilita o debate dos participantes colocados no mesmo nível. Na cabeceira, são colocados palestrante, coordenador e participantes especiais.

Figura 26: *Mesa em "U", sem projeção e sugestões de procedimentos de recepção*

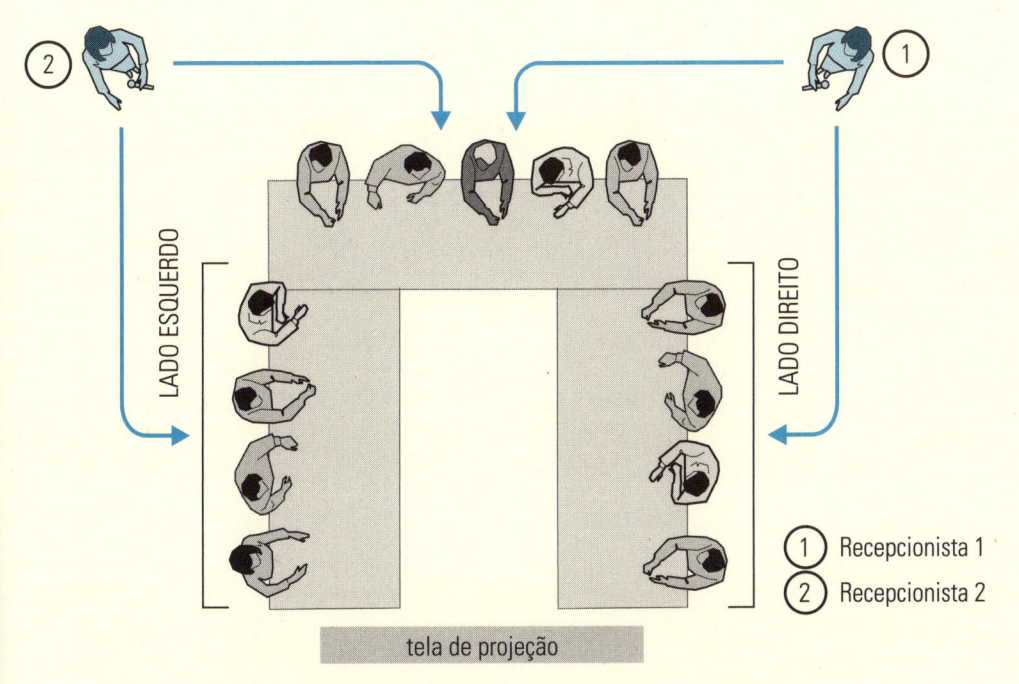

① Recepcionista 1
② Recepcionista 2

tela de projeção

Outra variação do formato da mesa em "U" é a disposição das cadeiras que ficam somente do lado de fora da mesa para facilitar a visão quando houver necessidade de projeção. O posicionamento estratégico para o atendimento das solicitações pode ser de acordo com a figura acima, sendo o recepcionista 1 quem atende o lado direito e o recepcionista 2, o lado esquerdo.

Mesas em formato de "E"

As mesas em formato de "E" podem variar, apresentando um dente ou vários dentes, dependendo do número de lugares e atividades a serem realizadas. É uma disposição também usada habitualmente em eventos sociais e jantares com elevado número de participantes.

Figura 27: Mesa em "E" com um dente e sugestões de procedimentos de recepção

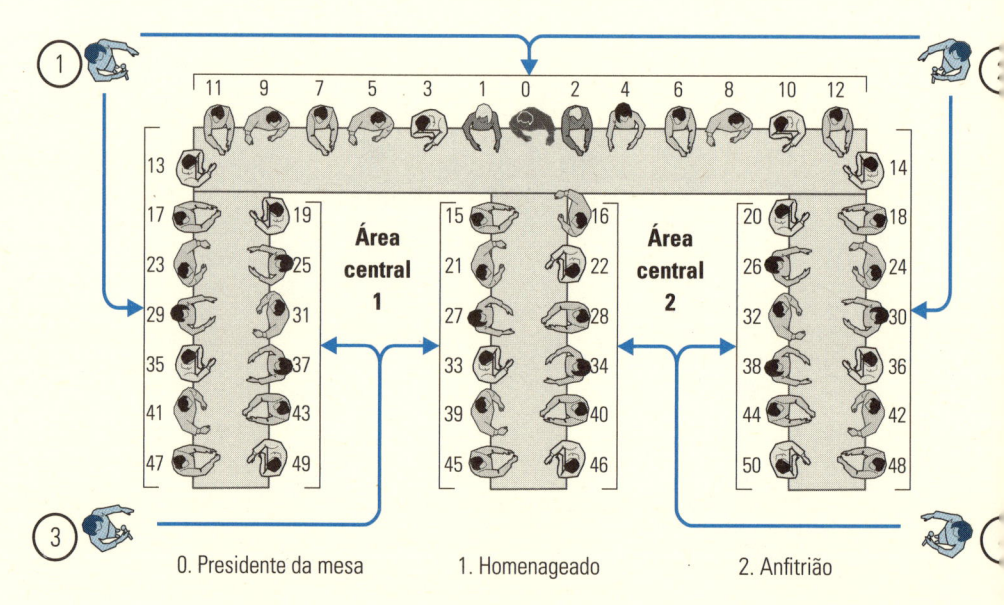

0. Presidente da mesa   1. Homenageado   2. Anfitrião

Nesse formato de mesa, também é variável o número e posições dos profissionais recepcionistas, conforme as necessidades do evento. Os lugares na mesa são determinados pelo cerimonial, usando os critérios de precedência. Através das setas da figura acima, podemos entender como deve ser feita a circulação dos profissionais e seus respectivos pontos estratégicos de posionamento. Sugiro: o recepcionista 1 pode atender as pessoas da parte superior da mesa (diretoria) e o lado esquerdo. O recepcionista 2, em equipe com o recepcionista 1, também pode atender as pessoas da parte superior da mesa (diretoria) e as pessoas do lado direito da mesa. Os demais profissionais, 3 e 4, atendem as pessoas das áreas centrais da mesa, sendo o recepcionista 3 a área central 1 e o recepcionista 4 a área central 2.

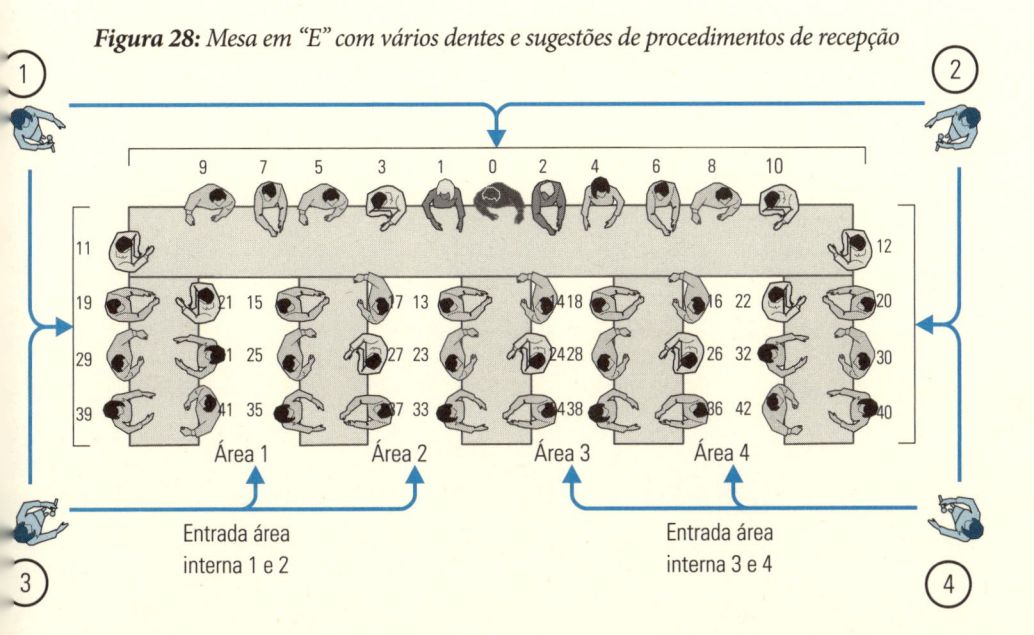

Figura 28: *Mesa em "E" com vários dentes e sugestões de procedimentos de recepção*

O formato da mesa acima é semalhante ao da figura anterior, porém acomoda um número de pessoas na mesa. A divisão das áreas de atendimento é importante, não sendo uma regra rígida. Os recepcionistas 1 e 2 atendem às solicitações da parte superior da mesa e laterais e os recepcionistas 3 e 4 atendem às solicitações das áreas internas da mesa.

Mensagem da autora

Comecei a trabalhar com eventos na função de recepcionista. Essa profissão me encantou desde os primeiros trabalhos. Porém, eu sentia falta, na época, de orientações que pudessem agregar ao que fazia. Os cursos oferecidos eram compactados, com limitado período de duração, além de bibliografia precária, mas a vontade e o gostar eram maiores!

Ao procurar associar as experiências de trabalho, formação acadêmica e pesquisas bibliográficas para a construção deste livro, meu objetivo foi orientar leigos, iniciantes ou profissionais para obter uma melhor qualificação para o mercado de eventos. O conteúdo foi exposto de maneira a dar ênfase na formação do profissional recepcionista de eventos como um "todo": O Saber, O Ser e O Fazer.

Chegamos ao fim de nosso trabalho! Ressalto a importância da conscientização da responsabilidade de um profissional recepcionista de eventos hoje para o mercado, levando em consideração todos os pontos destacados neste livro, colocando em prática os conhecimentos aqui adquiridos, na sua atuação como profissional durante os eventos e no seu dia a dia. Assim, com certeza, alcançará bom êxito em sua profissão.

Sucesso!
Inês Montenegro

Anexo
Modelo de Contrato

Contrato de Prestação de Serviços Nº ..../2016

CONTRATO DE PRESTAÇÃO DE SERVIÇOS

Pelo presente instrumento particular de prestação de serviços temporários, que afirmam de um lado como contratante a (*nome da empresa organizadora de eventos*), estabelecida à (*endereço completo com CEP da organizadora*), inscrita no CNPJ sob o nº *00000000/0001-00*, representada por sua diretora (*nome da diretora*), RG *nº 00000000 SSP/CE*, CPF *nº 000.000.000-00*, residente nesta cidade, e do outro lado doravante denominado(a) contratado(a) o(a) Sr.(a) (nome da pessoa contratada), residente à (*endereço completo com CEP do contratado*), portador(a) do RG *nº 000000000 SSP-CE*, têm justo e contratado entre si o cumprimento das cláusulas e condições a seguir:

CLAUSULA PRIMEIRA – DO OBJETO

O presente contrato tem por objetivo a prestação de serviços de recepcionista de eventos durante o *Evento*..................................., a realizar-se no (*local do evento*), nos dias (*dias, mês e ano*), com horário de atendimento das *XX* horas até as *XX* horas.

CLÁUSULA SEGUNDA – DAS OBRIGAÇÕES

1. O contratado obriga-se a:
    a) prestar serviços de recepcionista no *Evento* ...., obedecendo aos critérios, às normas e aos regulamentos específicos da contratante para esse evento;
    b) comparecer com antecedência mínima de 15 (quinze) minutos no local e horário definidos pela contratante, já perfeitamente uniformizado(a) para o desempenho de suas atividades;
    c) utilizar o uniforme que lhe for cedido pela empresa, conforme orientação, zelando por sua conservação e o devolvendo no mesmo estado em que o recebera;
    d) adotar postura discreta e cordial, prezando sempre pela qualidade no atendimento aos clientes, mantendo com os mesmos relacionamentos unicamente profissionais;
    e) zelar pela boa imagem da contratante e do cliente;
    f) zelar e responsabilizar-se por todos os materiais, utensílios e equipamentos da contratante ou de terceiros, que estejam ou não sob a sua responsabilidade direta, em seu ambiente de trabalho;
    g) informar a contratante sobre qualquer fato ocorrido ou providências já tomadas para a solução de eventuais situações problemáticas;
    h) participar de todas as reuniões pré e pós-evento convocadas pela contratante;
    i) prestar informações e sugerir soluções para casos omissos ou imprevistos.

2. A contratante obriga-se a:
    a) proporcionar condições para o contratado desempenhe as atividades que lhe competem, da melhor maneira possível;

b) fornecer toda as informações que estejam diretamente relacionadas ao desempenho das atividades do(a) contratado(a);
c) oferecer ou definir o uniforme para a equipe de trabalho;
d) orientar o contratado(a) sobre a utilização de equipamentos próprios ou locados.

CLÁUSULA TERCEIRA – DA VIGÊNCIA

Este acordo terá a duração de *XX* dias, compreendendo as seguintes datas e horários: *(período)*, com horário de apresentação e término de atividades no local, compreendido de *XX* horas até ás *XX* horas.

CLÁUSULA QUARTA – DOS VALORES E DAS HORAS EXCEDENTES

O valor pela prestação de serviços será de R$ *XX* (*valor por extenso*) pelos três dias de atividade, e o pagamento só será efetuado pela contratante após o término do trabalho pela contratada.
Parágrafo Único: Se houver a necessidade de estender o horário de trabalho, a contratante pagará a contratada o valor de R$ *XX* (*valor por extenso*) a cada hora excedente que serão pagos juntamente com o valor global previsto nesta cláusula.

CLÁUSULA QUINTA – DA RECISÃO

O presente contrato poderá ser rescindido desde que uma das partes, após a sua assinatura, comunique a sua intenção por escrito, com antecedência mínima de 24 horas, não havendo multa rescisória.

CLÁUSULA SEXTA – DO FORO

De comum acordo, as partes elegem o foro da cidade de Fortaleza no Estado do Ceará, com a exclusão de outro, por mais privilegiado que seja, para dirimir dúvidas e questões que possam ser geradas por este instrumento.
Por estarem assim justas e contratadas, as partes lerão e confirmarão o presente instrumento, assinado em 2 (duas) vias do mesmo teor, com assinaturas reconhecidas e para um só efeito na presença de 2 (duas) testemunhas que a tudo assistiram e firmam o presente instrumento.

Fortaleza, _____ de _____ de 2016.

Nome da Empresa de Eventos, Razão social.

Nome da recepcionista contratada
Número do CPF.

_____
Testemunha

_____
Testemunha

Referências Bibliográficas

ALMEIDA, Sérgio. **Cliente eu não vivo sem você**. Salvador, BA: Casa da Qualidade, 1995.

ANDRADE, Renato Brenol. **Manual de eventos**. Caxias do Sul: EDCS, 1999.

ARAÚJO, Maria Aparecida. **Etiqueta empresarial**: ser bem educado é. Rio de Janeiro: Qualitymark, 2004.

ARRUDA, Fábio. **Faça a festa e saiba o porquê**: etiqueta e comportamento do Carnaval ao Reveillon. São Paulo, editora Senac, São Paulo, 2009.

_____. **Eficiente e elegante**. Guia de etiqueta profissional. São Paulo. Editora Arx, 2008.

AUMOND, Carlos Walter. **Gestão dos serviços e relacionamentos**. Os 9 passos para desenvolver excelência em serviços. Rio de Janeiro: Elsevier, 2004.

BAHIENSE, Raquel; MEDEIROS, Alexandre. **Falar bem para atender melhor**. Rio de Janeiro. Senac Nacional, 2013.

BARATA, Maura Cristina; BORGES, Márcia. **Técnicas de recepção**. Rio de Janeiro: editora Senac Nacional, 1998.

BRITO, Janaina; FONTES Nena. **Estratégias para eventos:** Uma ótica do marketing e do turismo. São Paulo: Aleph, 2002.

CASTELLI, Geraldo. **Hospitalidade**: na perspectiva da gastronomia e da hotelaria. São Paulo: Saraiva, 2005.

CESCA, Cleuza G. Gimenes. **Organização de eventos**: manual para planejamento e execução. 12°edição. São Paulo: Summus, 2008.

DANTAS, Edmundo Brandão. **Atendimento ao público nas organizações**: quando o marketing de serviços mostra a cara. 3° edição - Brasília: Editora Senac DF, 2010.

DIAS, Reinaldo; PIMENTA, Maria Alzira, (org.). **Gestão de hotelaria e turismo**. São Paulo: Pearson Prentice Hall, 2005.

DORNELLAS, Déborah. **Etiqueta**. Comportamento. Dicas para todas as ocasiões. São Paulo: Nova Cultural; Circulo do livro, 1995.

GIACAGLIA, Maria Célia. **Organização de eventos:** teoria e prática. São Paulo: Pioneira Thomson Learning, 2006.

GOLEMAN, Daniel. **Inteligência social**: o poder das relações humanas. Tradução: Ana Beatriz Rodrigues. - Rio de Janeiro: Elsevier, 2006.

LAS CASAS, André Luzzi. **Marketing de serviços**. São Paulo: Atlas, 1998, p.7.

LEÃO, Célia Pereira de Sousa. **Boas maneiras de A a Z**. Algumas dicas básicas para um comportamento social adequado. São Paulo: STS, 1992.

MATARAZZO, Claudia. **Etiqueta sem frescura**. São Paulo: Planeta, 2011.

MATIAS, Marlene. **Organização de eventos**: procedimentos e técnicas. 6ª edição. Barueri, SP: Manole, 2013.

MARTINS, Vanessa. **Manual prático de eventos.** São Paulo: Atlas, 2003.

MINICUCCI, Agostinho. **Relações humanas:** psicologia das relações interpessoais. 6° edição. São Paulo: Editora Atlas, 2011.

NETO, Pedro Carvalho de Oliveira. **Marketing pessoal:** o Posicionamento pessoal através do marketing. Fortaleza: P.C. de Oliveira Neto, 1999.

PACHECO, Aristides de Oliveira. **Manual do maître d'hôtel**. 5ª edição. São Paulo: Editora Senac São Paulo, 2005.

_____. **Manual do bar**. 6ª edição. São Paulo, editora Senac São Paulo, 2008.

_____. **Manual de organização de banquetes**. 3ª edição, São Paulo: Editora Senac São Paulo, 2004.

OLIVEIRA, J.B. **Como promover eventos**. 2ª edição. São Paulo: Madras, 2005.

RIBEIRO, Célia. **Boas maneiras e sucesso nos negócios**: um guia prático de etiqueta para executivos. Porto Alegre: L&PM, 1993.

SALGADO, Paulo Regis. **Protocolo cerimonial e etiqueta para eventos**. São Paulo: editora Paulus, 2010.

_____. **Etiqueta na prática:** Um guia moderno para boas maneiras. Porto Alegre: L&PM, 1995.

SILVA, Fernando Brasil. **A psicologia dos serviços em turismo e hotelaria:** entender o cliente e atender com eficácia. São Paulo: Pioneira Thomson Learning, 2004.

SILVEIRA, Josué Lemos. **Etiqueta social pronta para usar**. 3ª edição. São Paulo: editora Marco Zero, 2010.

TENAN, Ilke Palete Svissero. **Eventos**. São Paulo: Aleph, 2002. (Coleção ABC do Turismo).

TONY, Rogers, MARTIN, Vanessa. **Eventos**: planejamento, organização e mercado. Rio de Janeiro: Elsevier, 2011.

VELOSO, Dirceu. **Organização de eventos e solenidades**. Goiânia: AB, 2001;

VIEIRA, Maria Christina de Andrade. **Comunicação empresarial**: etiqueta e ética nos negócios. São Paulo: editora Senac, São Paulo, 2007;

WOODALL, trinny; CONSTANTINE, Susannah. **O que sua roupas dizem sobre você**. Tradução: Ana Maria Quirino. São Paulo: editora Globo, 2006;

WELL, Pierre; TOMPAKOW, Roland. **O corpo fala**: a linguagem silenciosa da comunicação não verbal. 70º edição. Petropolis: Vozes, 2012.

ZANELLA, Luiz Carlos. **Manual de organização de eventos**: planejamento e operacionalização. São Paulo: Atlas, 2003.

ZITTA, Carmem. **Organização de eventos**: da ideia à realidade. 5ª edição. Brasília, Editora Senac, DF, 2013.

Sites Pesquisados

BORGES, Paulo Alexandre. Da loucura da cruz à festa dos loucos: loucura, sabedoria e santidade no cristianismo (2001) Disponível em: http://religioes.no.sapo.pt/pborges2.html (acesso em 15/02/2010)

Carnaval: de culto pagão à festa popular. Disponível em: http://www.duplipensar.net/artigos/2007s1/historia-do-carnaval-de-culto-pagao-festa-popular.html (acesso em 15/02/2010)

PADILHA, Pricila Genara. Carnavalização e Liminaridade: o bufão como ente-liminal. Revista Gambiarra. Disponível em http://www.uff.br/gambiarra/artigos/0002_2009/teatro/Genara/ (acesso em 15/02/2010)

http://www.dw.de/1896-jogos-ol%C3%ADmpicos-da-era-moderna/a-490534-1 (acesso em 01/12/2013)

http://mundoestranho.abril.com.br/materia/como-era-o-sexo-na-idade-moderna (acesso em 01/12/2013)

http://www.e-noivos.com (acesso em 01/12/2013)

http://www.fortalezaconvention.com.br/cvb/estatuto.php (acesso em 03/12/2013)

www.ifpr.edu.br/pronatec/wp-content/.../ - manual recepcionista de eventos – pronatec – paraná acesso em 11/12/2013

http://www.turismo.gov.br (acesso em 11/12/2013)

http://www.ce.senac.br (acesso em 12/12/2013)

http://wwwsindieventos@sindieventos.com.br (acesso em 12/01/2014)

http://www.mtecbo.gov.br/. (acesso em 12/01/2014)

http://www.contrapondoideias.net/2013/04/o-casamento-origem-historia.html. Acesso em 07/11/2015.

http://www.infoescola.com/saude/postura-correta/ (acesso em 24/07/2014)

http://www.ibhe.com.br/artigos_e_estudos/

http://mundoestranho.abril.com.br (acesso em 19/12/2013). por Olívia Fraga

http://www.oficinadamoda.com.br/moda/personal-stylist/tudo-sobre-trajes-a-roupa-certa-para-cada-ocasiao-12403.html?pagina=5 (acesso em 01/02\2014)

www2.anac.gov.br/transparencia/pdf/BPS%202012/46/Manual.pdf (acesso em 01/02/2014)

http://www.academiadovinho.com.br/convivio/servico. (acesso em 23/01/2013)

www.ifto.edu.br/portal/.../Guia_eventos_e_cerimonial_Final%20Portal.p... (acesso em 01/02/2014)

www12.senado.gov.br/manualdecomunicacao/manual-de-evento (acesso em 01/02/2014)

http://www.oficinadamoda.com.br/beleza/maquiagem/automaquiagem-passo-a-passo-para-voce-fazer-em-casa-13094.html#foto=14 (acesso em 02/02/2014)

http://3.bp.blogspot. - cabelos inadequados para o ambiente de trabalho (acesso em 02/02/2014)

http://www.skywalker.com.br/). Ari Lima. Marketing pessoal.

http://visualdicas.blogspot.com.br/2008/05/ele-pode-ser-seu-melhor-amigo-ou-seu.html

http://pt.wikipedia.org/wiki/Restaurante (acesso em 11/5/2014)

http://www.vivendoavida.net/ (acesso em 17/09/2014)

http://www.urm.com.br/page/mba-gestao-de-eventos-e-cerimoniais-de-luxo

http://cidadenanet.blogspot.com.br/2013/06/curso-de-recepcionista-de-eventos.html

http://pt.slideshare.net/rhemhospitalidade/recepcionista-para-eventos-presentation-583895

http://www.uvv.br/news/4802/recepcionista-de-eventos.aspx

http://educacao.uol.com.br/disciplinas/portugues/pronomes-de-tratamento-voce-senhor-vossa-excelencia-e-outros.htm acesso em 18/09/2014.

Este livro foi composto com a Minion Pro
e impresso em papel pólen 90g/m² em julho de 2016.